LETTRES

SUR

LES CONFESSIONS

DE J. J. ROUSSEAU.

LETTRES

SUR

LES CONFESSIONS

DE

J. J. ROUSSEAU,

Par M. Ginguené.

Ille velut fidis arcana sodalibus olim:
Credebat libris : neque si malè gesserat, usquàm
Decurrens alio, neque si bene. Quo fit ut omnia
Votivâ pateat veluti descripta tabellâ
Vita senis.

HORAT. Sat. I, L. II.

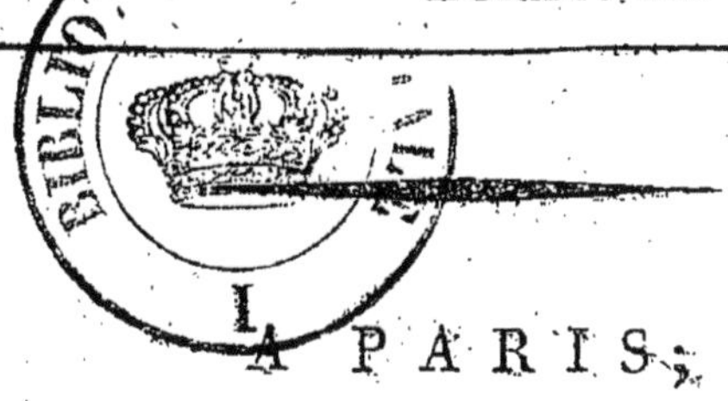

A PARIS,

Chez Barois l'Aîné, Libraire, Quai des
Augustins, N°. 19.

1791.

LE Génie eſt vengé : la Nation françoiſe s'eſt juſtifiée aux yeux de l'Europe :
elle a décerné une Statue à l'Auteur du
Contrat ſocial, & décrété que ſa Veuve
ſera nourrie aux dépens de l'Etat. Cette
récompenſe dans le ſtyle antique eſt digne
à la fois & d'un Peuple qui n'a plus rien
à envier aux peuples anciens, puiſqu'il eſt
libre, & du Grand-homme qui ne fut
perſécuté par le Deſpotiſme que parce
qu'il rappelloit les hommes à cette antique liberté.

J'apporte quelques grains d'encens au
pied de ſa ſtatue. Ce qui a donné lieu
aux Lettres ſuivantes eſt aſſez indiqué
dans le début de la première, qui n'eſt
elle-même qu'une eſpèce d'introduction.
Elles furent écrites lorſque la ſeconde
partie des *Confeſſions* & le dernier recueil des Lettres de Rouſſeau venoient
de paroître. Je ne crus pas alors devoir
les publier. Quelques amis m'engagent
à ſaiſir, pour les rendre publiques, le
moment où la mémoire de celui qui en

eſt l'objet eſt, en quelque ſorte, devenue ſacrée (1). D'autres m'ont prédit que malgré cette circonſtance, elles me feront beaucoup d'ennemis : c'eſt à quoi je ne penſois guère en les compoſant.

Si l'effet juſtifie leur prédiction, ce ne ſera pas la première épreuve que je ferai dans ce genre. J'ai tiré des précédentes une maxime qui peut être de quelque uſage, quoiqu'elle ne m'ait pas corrigé : c'eſt que, lorſqu'on écrit, il èſt ſouvent plus dangereux d'avouer ſon admiration, ou ſes attachemens, que ſes inimitiés : la cauſe en eſt cachée dans l'un des plus honteux replis du cœur humain.

Il eſt impoſſible de juger impartialement Jean-Jacques Rouſſeau, & ſur-tout ſes *Confeſſions*, ſans déplaire à beaucoup

---

(1) Ces Lettres furent en effet livrées à l'impreſſion quelques jours après le Décret du 21 décembre. Elles devoient paroître dans le courant de janvier. Des détails & des retards d'imprimerie en ont ſeuls différé la publication. L'apropos ſeroit manqué ſi ce qui concerne Jean-Jacques pouvoit jamais être hors de propos.

de perſonnes ; mais s'en ſuit-il qu'on ne doive jamais dire ce qu'on en penſe ? Faudra-t-il attendre qu'il n'y ait plus ſur la terre aucun de ſes ennemis, ou des amis de ſes ennemis, ou des amis de leurs amis ?

Les Lettres, qu'il a tant honorées, quoiqu'il en ait dit tant de mal, ſeront-elles ſeules muettes ſur ſon compte, dans cette Révolution ſi favorable à ſa gloire? Avant même que nos Légiſlateurs lui euſſent voté des honneurs publics, ils avoient adopté la plupart de ſes principes, & ſouvent prononcé ſon nom avec reſpect : nos artiſtes avoient épuiſé leur induſtrie à lui dreſſer des monumens : notre jeuneſſe patriote avoit porté ſon image en triomphe autour des débris de cette Baſtille, qui ſans lui ſeroit peut-être encore debout (2) :

------

(2) Ce n'eſt pas le ſeul hommage que la jeuneſſe lui ait rendu. A la nouvelle du Décret, une Société de jeunes gens, réunis ſous le titre intéreſſant *d'amis de l'inſtituteur d'Emile*, prit à l'unanimité l'arrêté ſuivant :

fon éloge fe joignoit de toutes parts à celui des génies bienfaiteurs & libérateurs de la France.... Quel mal feront de plus à ceux qui déteftent fa mémoire quelques pages obfcures, jettées dans le public, fans prétention & fans prôneurs ?

Au refte ce n'eft pas d'avoir des ennemis qui eft un grand malheur : c'eft de mériter la haine ou d'en reffentir ; & je me crois également à l'abri de ces deux malheurs-là.

Art. I. Le Décret de l'Affemblée nationale fera gravé fur une pierre dure.

II. Six d'entre nous fe tranfporteront à Ermenonville, dans l'Ifle dite des Peupliers, où repofe l'Homme de la Nature & de la Vérité. Au pied de fon maufolée, ils dépoferont, au nom de la Nation Françoife, le Décret gravé ; & fur le tombeau un rameau d'Olivier & une couronne de Laurier.

L'exécution de cet arrêté fuivit peu de jours après. Que ne doit-on pas attendre de jeunes ames capables de ces élans de reconnoiffance & de vertu ?

LETTRES

SUR LES CONFESSIONS

DE J. J. ROUSSEAU.

LETTRE PREMIERE.

Non, Madame, vous ne vous êtes point trompée. Ce que vous nommez votre instinct, & qui n'est autre chose en vous que l'apperçu d'un esprit juste, & le sentiment d'une ame délicate, vous a mieux servie que la prétendue finesse des beaux-esprits, & la froide raison des philosophes. Vous êtes restée fidelle à votre admiration pour Jean-Jacques, même après la lecture de ces terribles *Confessions*, qui ont effarouché tant de consciences peu timides, & paru lui enlever tant de partisans, qu'il n'avoit pas. Mais avec tout ce qui suffit à d'autres pour se fier à leur manière de voir, vous vous

A

méfiez de la vôtre : vous la mettez à une épreuve, dont l'idée, je crois, vous appartient : votre modeftie eft auffi ingénieufe que l'eft ordinairement l'amour-propre.

Vous avez jugé les *Confeffions* : vous avez écrit & motivé votre opinion ; mais vous ne voulez point me la communiquer, craignant, dites-vous, ou la galanterie d'un homme, ou la prévention d'un ami. Vous voulez que j'écrive, que je motive auffi mon jugement : vous le confronterez avec le vôtre : s'ils diffèrent, nous les difcute-rons ; s'ils fe rapportent, vous ferez fûre que je n'y aurai pas mis de complaifance. Nous nous accordons fur le fond de la queftion ; mais l'avons-nous envifagée fous les mêmes rapports, & parcouru les mêmes routes, pour arriver au même but ? c'eft ce que vous voulez favoir. Je vous obéis, fans partager l'idée trop indulgente que vous avez de moi. Vous avez l'air de vous foumettre à une épreuve ; & c'eft moi qui vais la fubir.

Je vous dirai de Jean-Jacques & le bien & le mal que j'en penfe. Peut-être fera-ce à la fin fon éloge que j'aurai fait ; mais ce ne fera point fon panégyrique. J'examinerai d'abord s'il devoit écrire fes *Confeffions*, & les écrire comme il a fait ; enfuite quel jugement on doit porter de cet

Ouvrage ; enfin, quelle opinion l'on doit avoir de l'Auteur.

Duclos, l'un des hommes de lettres les plus juftement honorés de ce fiècle, moins par une grande fupériorité de talens, que par une auftère & inflexible probité, Duclos à qui Rouffeau écrivoit : « Mon cher ami, comment » faites-vous pour penfer, être honnéte homme, » & ne pas vous faire pendre ? », lui confeilla, pendant fon féjour à Motiers, d'écrire fes *Confeffions*, ou les Mémoires de fa vie. « Ils font » très-difficiles à faire, fans compromettre per- » fonne, lui répondit Rouffeau ; pour y fonger » il faut plus de tranquillité qu'on ne m'en laiffe, » & que je n'en aurai probablement jamais. Si je » vis toutefois, je n'y renonce pas, &c. »

Rey, libraire d'Amfterdam, l'en preffoit depuis long-temps. A fa prière, Jean-Jacques s'en étoit déja occupé dès le temps de fon féjour à Montmorency ; & il avoit commencé de mettre à part les lettres & les papiers qui lui étoient néceffaires. L'autorité d'un libraire, qui avoit fes vues d'intérêt, ne prouve rien en faveur de ce projet ; mais celle de Duclos eft décifive.

Il connoiffoit à fond le Philofophe méconnu, dont il refta toujours l'ami, quoiqu'il vécût au milieu de ceux qui couvroient une haine implacable du voile de l'intérêt & de l'amitié : il

n'ignoroit ni ses malheurs, ni leur source : il sa-
voit qu'en se confessant, Rousseau ne pouvoit se
confesser seul. L'engager à cette entreprise, c'é-
toit donc lui dire : « Votre jeunesse agitée, & souvent avilie, ne promettoit point ce que vous
êtes : ce contraste, peint par vous-même, est fait
pour intéresser vivement. Vous avez commis des
fautes : vous les avouerez avec franchise ; & cet
aveu donnera plus de relief & de créance à vos
vertus. Vous êtes malheureux, persécuté, calom-
nié : vous toucherez par la peinture de vos infortunes : vous tirerez de vos persécuteurs la vengeance qui vous est due : vous confondrez vos
calomniateurs ». Voilà ce que vouloit dire la seule
phrase, *Ecrivez vos Mémoires.* Je défie que,
d'après la position où Rousseau se trouvoit alors,
& la connoissance qu'avoit Duclos de cette position & de ses causes, on puisse lui donner un
autre sens.

Mais devoit-il les écrire, comme il a fait ?
Ceci peut regarder ou la manière dont il a parlé
de lui, ou celle dont il parle des autres.

Rien de plus embarrassant en général que de parler de soi ; mais la bonne opinion que la plûpart
des hommes ont, ou veulent donner d'eux-mêmes,
fait qu'en pareil cas, il n'y a pour eux d'embarrassant que leur modestie, ou le desir de paroître
modestes. Les Mémoires particuliers ne sont guères

que des apologies. Rouſſeau conçut le projet difficile de ſe peindre tel qu'après une longue & ſé-
rieuſe étude, il ſe ſentoit au fond du cœur ; &
laiſſant les *Mémoires* aux hommes vains & aux
charlatans, il entreprit ſes *Confeſſions*.

La ſituation où il étoit alors dans l'opinion publique, rend ce projet très-méritoire. Perſécuté
pour le plus beau de ſes ouvrages, l'auteur du
Contrat ſocial, de l'Héloïſe & d'Emile, joignoit
l'intérêt de ſes malheurs à celui de ſon génie &
de ſa vertu. L'Europe, en le liſant, avoit appris
à ne pas plus douter de l'une que de l'autre.
Quelques bruits vagues, nés d'aveux qu'il avoit
faits dans l'imprudente effuſion de l'amitié, ſe
répandoient, il eſt vrai, ſur les erreurs de ſon
obſcure jeuneſſe, & même ſur quelques fautes
plus graves de l'âge mûr ; mais ſourdement encore, & telles qu'une demi-confeſſion, rédigée
avec cette apparente franchiſe, qui en impoſe
beaucoup mieux qu'une diſſimulation entière,
eût à jamais effacé les impreſſions naiſſantes ; &
prenant déſormais pour règle ce qu'il auroit
avoué dans ſes Mémoires, la Poſtérité eût mis le
reſte ſur le compte de la calomnie.

Au lieu de cela, que fait-il ? Vices, fautes,
erreurs, il dit tout, il n'adoucit rien ; il déroule ſon
cœur aux yeux des hommes, comme devant l'Etre
ſuprême. Il n'avoue pas ſeulement ce qui eſt mal,

mais ce qui eſt vil ; & pour une ame auſſi fière, de combien ces derniers aveux ne ſont-ils pas les plus pénibles ? Non content de ces accuſations, il atténue le bien qu'il pouvoit dire, ou laiſſer croire. Ses admirateurs, ſes enthouſiaſtes, car il en avoit dès-lors, placent en vain ſur ſa tête la couronne de la Vertu ; il ſe l'arrache, & dit & prouve en cent façons qu'il n'eſt point vertueux. Qui dit vertu, dit force & courage ; & il s'avoüe foible & timide. Il croit utile qu'un homme regardé comme au-deſſus de la claſſe commune, ſe montre une fois en dedans & à nud. Aucun ne l'a fait encore, il veut donner ce grand exemple : & reprenant cette tâche ſi difficile, à deux époques différentes, il ne varie ni dans ſon plan ni dans ſa courageuſe franchiſe. Il avoit juſqu'alors juſtifié ſa deviſe (1), en diſant aux hommes leurs vérités : il la juſtifie bien autrement, en leur diſant les ſiennes.

Quant à la manière dont il a parlé des autres, il eſt fort aiſé de lui en faire un reproche ; mais il le feroit moins peut-être de prouver qu'il en devoit parler autrement. Vous avez vu dans ſa réponſe à Duclos, qu'il ſentoit la difficulté de raconter ſa vie, *ſans compromettre perſonne*. Près de

---

(1) *Vitam impendere vero.*

(7)

deux ans auparavant, il avoit tenu le même langage
à M. Moultou, ami conſtant de ſa mémoire,
comme il le fut de ſa perſonne (2). « Malheu-
» reuſement, lui diſoit-il, n'ayant pas toujours
» vécu ſeul, je ne ſaurois me peindre ſans peindre
» beaucoup d'autres gens ; & je n'ai pas le droit
» d'être auſſi ſincère pour eux que pour moi,
» du moins avec le public, *& de leur vivant.* »
Auſſi eut-il, dès l'origine, comme juſqu'à la fin
de ſa vie, l'intention que cet écrit fût pŏſthume.
Il y trouvoit ſon compte, auſſi bien que ceux
dont il avoit à parler ; & c'étoit, comme il le dit
dans ſon dixième livre, ce qui l'avoit enhardi à
faire ſes *Confeſſions*, « dont jamais il n'auroit à
rougir devant perſonne. »

Mais devoit-il, même après ſa mort, expoſer
la mémoire de ceux qu'il confeſſoit ainſi malgré eux, à rougir devant la Poſtérité ? Voilà la
queſtion.

On lui reproche, & ce n'eſt pas à tort, d'a-
voir révélé l'inconduite de Madame de Warens.
Il a ſans doute beaucoup loué cette charmante bienfaitrice : il aime à ſe peindre régénéré, ou plutôt
créé par elle. C'eſt auprès d'elle qu'il nâquit, en

----

(2) La lettre à M. Moultou eſt de janvier 1763 ; celle
à Duclos, de décembre 1764.

même temps , au plaisir & à la sagesse. Bonté ,
bienfaisance , sollicitude pour les malheureux ,
graces , douceur , esprit solide & cultivé , désin-
téressement , franchise , cœur sensible , délicat ,
& fait pour l'amitié ; telle est l'idée qu'il nous
donne de cette adorable *Maman* , qu'il traite sans
cesse d'ange , d'ame angélique & de créature cé-
leste.

Mais pourquoi joindre à ce portrait des om-
bres si défavorables ? S'il croyoit nécessaire à son
plan de dire les bontés que Madame de Warens avoit eues pour lui , & la manière systéma-
tique , & moins voluptueuse que raisonnée ,
dont elle l'avoit conduit aux dernières faveurs ,
manière qui dut influer dans la suite sur son
être moral , & qui par conséquent appartenoit à
ses *Confessions* ; alors il devoit ne la pas nommer : il devoit sur-tout cacher les autres foi-
blesses de cette femme singulière. Pourquoi
voyons-nous passer successivement dans ses bras
le demi-valet Claude Anet , Jean-Jacques , &
le garçon-perruquier Courtille ? Pourquoi ce partage odieux qu'elle propose froidement , sans
croire même avoir fait une proposition extraor-
dinaire ? N'est-ce pas avilir à plaisir celle qu'il
prétend honorer , & ravaler cet Ange au-dessous
de la dernière des femmes ?

Je sais qu'il nous la représente inaccessible aux

paſſions, étrangère aux plaiſirs des ſens, égarée, dès ſon enfance, par la philoſophie intéreſſée de ſon premier ſéducteur; dépravée par ſa raiſon, non par ſes goûts; ne mettant à la chaſteté nulle importance, parce qu'il ne lui eût rien coûté d'être chaſte; ſe faiſant une habitude de céder, par froideur de tempérament; regardant la jouiſſance comme un acte indifférent en ſoi, mais qui acquiert un prix par celui que les hommes y attachent; ne voyant enfin, dans ce qui fait, d'après nos inſtitutions, la deſtinée de tout ſon ſexe, qu'un moyen aſſez doux de s'aſſurer des amis dans le nôtre; & ne s'abaiſſant jamais, dans les poſitions les plus urgentes, à vendre ces mêmes faveurs qu'elle accordoit avec ſi peu de ſcrupule.

Tout cela eſt fort bien ſans doute; & joint à tant de qualités aimables, à tant de charmes, & même de vertus, juſtifie ce que dit Rouſſeau; « Que ſi *Socrate* put eſtimer *Aſpaſie*, il eût reſpecté Madame de Warens ». Mais qui ne voit que ce reſpect eût été de la même eſpèce que l'eſtime accordée par le plus ſage des hommes à une courtiſanne d'Athènes; que ni cette eſtime ni ce reſpect ne ſont tels qu'ils puſſent contenter une honnête femme; que ſi, dans la ſuppoſition faite, Socrate eût placé Madame de Warens au-deſſus d'Aſpaſie, c'eût toujours été dans la même claffe ; & que ce n'étoit pas à un fils tendre & reconnoiffant de claffer ainfi fa *Maman* chérie & fa bienfaitrice ?

Il auroit pu fe difpenfer auffi d'apprendre aux âges futurs les liaifons de quelques autres femmes ; de deux fur-tout, dont l'une fut long-temps fon amie, & dont l'autre lui infpira la plus forte & la plus ardente paffion. Il eft vrai que la première fit fuccéder aux douceurs & aux attentions de l'amitié les mauvais procédés de la tracafferie, & les perfécutions de la haine ; & que la feconde paroît avoir mis dans fon attachement, devenu, felon nos mœurs, refpectable par fa durée, une forte de publicité qui laiffoit peu de chofes à faire à l'indifcrétion d'un tiers. Ces raifons, fuffifantes pour tout autre auteur moins auftère dans fa morale, font foibles pour le plus rigide & le plus éloquent apôtre des bonnes mœurs.

Il a du moins ici l'excufe de la néceffité dont l'aveu de ces liaifons étoit pour l'hiftoire de fa vie : encore cette néceffité n'étoit-elle abfolue que pour la dernière. Son amour pour Madame d'H.... lui fut imputé à crime ; & il fe l'impute lui-même, parce que cet amour alloit fur les droits de l'amitié : il falloit donc qu'il peignît au naturel la fituation des acteurs, ou qu'il renonçât à cette fcène, la plus vive, la plus animée de tout fon ouvrage, ou plutôt qu'il renonçât à l'ouvrage même ; puisque c'en est ici le nœud ; puisque cette erreur fut, soit en réalité, soit au moins dans son opinion, la source de tous les malheurs de sa vie.

Voilà, je crois, les seuls reproches qu'on puisse lui faire, & qu'on ne feroit même pas à tout autre qu'à lui. Et quel est l'auteur de Mémoires qui en ait écarté les intrigues d'amour & les galanteries ? Ce n'est donc qu'à la réserve habituelle & à la chasteté de sa plume, ce n'est qu'à ses opinions sur la vertu des femmes, à l'austérité de ses principes, à l'élévation de sa morale, qu'il doit d'être jugé sur cet article avec tant de rigueur.

Disons plus, lorsque parut pour la première fois cet Ouvrage si long-temps annoncé, on prit pour les censures de la délicatesse, & pour les scrupules de la discrétion blessée, les cris de l'envie & de la haine, couvertes du faux masque de la délicatesse & de la discrétion. Elles défendoient sur-tout, avec la chaleur de l'amitié, cette Madame de Warens, morte depuis plus de vingt ans, & inconnue à tout le monde. Les honnêtes gens, qui sentent souvent plus qu'ils ne réfléchissent, suivirent l'impulsion donnée ; & la tourbe des gens du bel air, qui timpaniseroient vingt femmes dans un jour, ne manqua pas de se montrer horriblement scandalisée.

J'ai réduit de beaucoup ces reproches ; mais peut-être les ai-je encore poussés trop loin : peut-être ai-je fait trop bonne la part de l'envie & de la haine. Car enfin, Madame de Warens n'a laissé ni enfans, ni héritiers de son nom, ni parens assez proches pour s'honorer de ce qui l'honore, & pour avoir à rougir de ce qui la flétrit. N'ayant jamais jeté de voile sur son inconduite, tout Annécy, tout Chamberry en avoient connoissance. Si les *Confessions* ont pénétré dans ces deux Villes, elles n'y auront, à cet égard, rien appris à personne, tandis qu'en France, & dans tout le reste de l'Europe, le nom de Madame de Warens est comme un nom de Roman, & ne dit rien de plus aux lecteurs que ne leur dit, dans l'Héloïse, celui de Madame d'Orbe ou de Madame de Wolmar.

Ce n'est pas ainsi, je le sais, que raisonne l'esprit de parti : tout blâmer ou tout absoudre est sa méthode ; & malheureusement la paresse est trop souvent en ceci complice de la malignité : mais c'est ce que je vous invite, Madame, c'est ce que j'inviterai tout esprit juste à ne pas perdre de vue, avant d'asseoir un jugement sur ce point, si aigrement, si violemment reproché à l'Auteur des *Confessions*.

Il y auroit eu trop de mauvaise humeur à lui faire un crime d'avoir saisi les travers de quel-

ques autres perfonnages , & de les avoir mis au
grand jour , foit qu'ils aient été les tyrans de fon
enfance , ou les oppreffeurs de fa jeuneffe , ou
fes obfcurs perfécuteurs dans un âge plus avancé.
Toutes ces peintures fecondaires contribuent au
mouvement, à la variété , à la vérité de fes tableaux : elles ne nous amufent qu'aux dépens d'o-
riginaux qui n'exiftent plus , & qui la plupart
inconnus , même de leur vivant , ne font là ,
pour ainfi dire , que comme des portraits de
fantaifie.

On lui a fur-tout pardonné d'avoir fi bien
peint l'ineptie , l'avidité mefquine & les fots
caprices de ce Montaigu , ambaffadeur à Ve-
nife , de la façon du valet - de - chambre Bar-
jac (3) , qui faifoit & défaifoit alors les ambaf-
fadeurs & les miniftres. Il a toujours été permis,
il l'eft aujourd'hui plus que jamais, à l'homme
de génie , d'écrafer d'un coup de plume l'in-
fecte orgueilleux qui fe prévalut de quelques
titres , fouvent acquis par la baffeffe , pour fe
difpenfer avec lui d'égards & de juftice. Ce
n'eft pas-là proprement un ennemi ; c'eft un fâcheux , un être importun & ridicule , dont on

---

(3) Valet-de-chambre du cardinal de Fleury. Voyez
les Mémoires du Maréchal de Richelieu.

s'eſt aſſez vengé, quand on l'a fait connoître ; & que l'auteur d'un ouvrage tel que les *Confeſſions* eſt trop heureux de trouver ſous ſa plume, pour égayer le lecteur.

Quant à ceux qu'il regarda comme ſes véritables ennemis, comme joignant au malin vouloir le talent & le pouvoir de nuire, ce n'eſt pas encore ici le lieu de décider s'ils étoient tels en effet ; mais ſi, les jugeant ainſi, & ayant de ſi fortes raiſons pour le croire, il a dû parler d'eux comme il a fait. Et qui peut douter qu'il n'en ait eu le droit ? Qui pourroit, qui voudroit enlever cette reſſource à l'infortune ? Quoi ! on l'aura perſécuté, noirci, diffamé pendant ſa vie ; & il ne pourra révéler les complots de ceux dont il fut la victime ! Et de quoi ont à ſe plaindre ceux qui le haïſſoient, s'il n'a fait que raconter la ſource & les effets de leur haine ?

Mais preſque tous ont été ſes amis, ſes protecteurs, ſes bienfaiteurs.... J'entends : il ſuffira de faire ſonner bien haut de prétendus bienfaits, qui ont eu pour but de tyranniſer, non de ſervir ; & qui ne pouvant avoir, pour l'homme délicat qui reçoit, d'autre prix que l'amitié de celui qui donne ou qui oblige, n'en ont plus, ne l'enchaînent plus, quand cette amitié s'éteint, ou ſe change en haine : il ſuffira d'uſurper le titre ſacré d'ami, & d'en exiger les ſentimens ſans les éprouver foi-même ; ou de fe dire le protecteur d'un homme qui ne veut pas qu'on le protége, pour pouvoir enfuite le vexer, le calomnier, le perdre, fans qu'il puiffe repouffer les vexations, venger fa perte, & démafquer la calomnie ! cette doctrine eft affurément fort commode ; & l'on ne doit pas être furpris que, dans le monde, elle ait autant de défenfeurs.

Mais, infiftera-t-on, je fais ici juftement ce que j'ai dit qu'il n'étoit pas temps de faire ; je décide ce qui eft en queftion ; ceux qu'il appella fes ennemis, je les appelle ainfi moi-même ; je regarde comme réels leur haine, leurs complots, leur fyftême. Non : je reviendrai fur cela dans la fuite ; mais à préfent je ne décide point, je préfume ou je fuppofe vrais les faits que Rouffeau leur impute ; & je dis que, d'après ces faits, d'après l'intime conviction qu'il avoit de leur réalité, il n'a point paffé les bornes d'une défenfe & d'une vengeance légitimes : je dis que le tocfin qu'on fonna d'avance contre cet ouvrage, femble être plutôt en raifon de ce que les gens qui y font nommés avoient à fe reprocher envers l'Auteur, & du mal qu'ils lui avoient fait, que du mal qu'ils avoient à en craindre.

D'Alembert qui, dès que le malheureux Jean-Jacques eût fermé les yeux, le calomnia en pleine

Académie, avec une bénignité si perfide (4), n'est que rarement & secondairement nommé dans les *Confessions*. Diderot, qui avoit répandu l'alarme, & s'étoit emporté à des injures si violentes, dans une note de son *Essai sur la vie de Sénéque* (5), y est souvent peint comme coupable, mais d'indiscrétion & de légèreté, plutôt que de perfidie & de noirceur ; & toujours avec des égards bien mal payés par cette indécente & coupable sortie.

« En rompant avec Diderot, que je croyois
» moins méchant qu'indiscret & foible, j'ai tou-
» jours conservé dans l'ame de l'attachement
» pour lui, même de l'estime, & du respect pour
» notre ancienne amitié, que je sais avoir été

---

(4) Que les amis de ce savant, de ce littérateur distingué, me pardonnent cette expression ! Je n'ai pu caractériser autrement l'action inexcusable que je désigne ici. Les actions humaines reçoivent leur titre de ce qu'elles font en elles-mêmes, & non de ce que font, à d'autres égards, les hommes qui les font. Si un Dieu pouvoit calomnier, ce qu'il auroit dit n'en seroit pas moins une calomnie, pour être sorti de la bouche d'un Dieu. Voyez la note V, à la fin de la quatrième lettre.

(5) Voyez la note VI, ibid.

long-temps

» long-temps auſſi ſincère de ſa part que de la
» mienne (6). » Voilà le langage d'un honnête
homme, qui ſe reſpecte lui-même dans ce qui
fut l'objet de ſes attachemens. Que faut-il pour
prononcer entre Diderot & Jean-Jacques ? Rien
autre choſe que comparer la note de l'Eſſai ſur Sénéque avec ce paſſage des *Confeſſions*.

Un ſeul homme peut-être (7) eſt maltraité,
accuſé, chargé outre meſure : il vit encore ; &
il n'a point réclamé contre ces accuſations. C'eſt
à lui de ſe juger d'abord , & enſuite de ſe défendre : c'eſt à ceux qui le connoiſſent de dire ce
qu'ils ſavent en ſa faveur : mais en regardant
comme vrai tout ce que ſon ſilence, celui de ſes
amis, & la véridicité de Rouſſeau rendent vrai-
ſemblable, celui-ci n'a point, même à ſon égard,
enfreint la loi que l'équité l'avoit engagé à ſe
preſcrire, *de faire ſes Confeſſions & celles des
autres avec la même franchiſe, en tout ce qui ſe rap-
portoit à lui ; de ne dire jamais que le mal qui
le regardoit, & qu'autant qu'il y étoit forcé* (8).

Pour tout le reſte , ſi vous exceptez le ſeul
point ſur lequel j'ai paſſé condamnation , je n'y

---

(6) *Confeſſions*, liv. **X**,

(7) M. Grimm.

(8) Voyez la fin du huitième livre.

vois rien à quoi puisse convenir tout le bruit qu'on en a fait. L'Auteur n'a dit que ce qui se lioit nécessairement aux aventures de sa vie , & ce qui pouvoit servir à sa défense , sans nier ou dissimuler ses torts , même avec ses ennemis. Il n'a voulu paroître , ni les faire paroître autres qu'ils n'étoient réellement , ou du moins qu'il ne les voyoit & qu'il ne se voyoit lui-même. Il ne devoit donc pas écrire autrement ses *Confessions* : il devoit sur-tout les écrire , & honorer sa mémoire par ce monument d'une véracité sans exemple. Ce que des amis tels qu'un Duclos, un Moultou, un Du-Peyrou , & d'autres de cette trempe ont conseillé ou approuvé , qui le blâmera , s'il n'est personnellement intéressé dans cette affaire ? & s'il l'est, de quel poids doit être son blâme pour tous ceux qui ne le font pas ?

Quel homme s'il n'est inaccessible à la raison & à la pitié ne sera pas convaincu , attendri, & trouvera quelque chose à répondre , lorsque Rousseau lui dira : » si ma mémoire devoit s'é-
» teindre avec moi , plutôt que de compromet-
» tre personne , je souffrirois un opprobre in-
» juste & passager sans murmure ; mais puis-
» qu'enfin mon nom doit vivre, je dois tâcher de
» transmettre avec lui le souvenir de l'hom-
» me infortuné qui le porta, tel qu'il fut réel-

» lement, & non tel que d'injuftes ennemis
» travaillent fans relâche à le peindre? » (9)

Quel homme enfin, s'il a une véritable idée
de la juftice, témoin, comme nous le fûmes
tous, de ce que la haine & l'envie lui ont fait
fouffrir, comparant avec cette perfécution que
fa mort ne put appaifer, ce que nous lui
devons, ce que lui doivent tous les hommes, &
les récompenfes qu'il avoit lieu d'attendre, ne
lui pardonnera d'avoir fixé avec confiance les
yeux fur la poftérité ; d'avoir appellé des faux
jugemens d'une génération dégradée, au jugement plus fain des hommes régénérés par fa
morale & par la méditation de fes ouvrages ;
d'avoir dit, pour toute vengeance, en montrant d'un côté fes œuvres, fes intentions, fes principes, de l'autre fes maux &
leurs auteurs : voilà ce que j'ai fait pour eux ;
& voilà ce qu'ils m'ont fait ?

---

(9) Ibid.

LETTRE II.

Pour déterminer, Madame, l'opinion que l'on doit avoir des *Confessions*, il faut considérer non seulement leur mérite littéraire, mais aussi leur utilité. Un ouvrage même de ce genre, où l'on ne trouveroit qu'une lecture agréable, seroit indigne de son Auteur.

Le premier fruit qu'on peut retirer de celui-ci est d'apprendre à s'étudier, à s'examiner, à scruter tous les replis, tous les mouvemens internes de son cœur. Si la véritable science est de se connoître soi-même, comme le dit Pope dans son *Essai sur l'homme* (1), quel livre peut nous rendre plus savans que celui où un homme de bonne foi s'essaie sur son propre intérieur, quitte les universalités & les abstractions de la philosophie, se suit, se guette d'un œil observateur, depuis les jeux de son enfance ; saisit dans ce premier âge l'origine de ses bons & de ses mauvais pen-

____

(1) And all our knowledge is , ourselves to know.
C'est le dernier vers du poëme.

chans, en développe tous les progrès, & nous fait voir enfin ce que nous ne trouvons ni dans la société ni dans les livres, *un cœur d'homme ouvert à tous les regards.*

De cette marche qu'il a fuivie, il réfulte néceffairement que l'utilité principale de l'ouvrage eft dans fa première partie, où il recherche & montre les caufes & les principes, dont on ne voit, pour aînfi dire, dans la feconde que les effets & les conféquences. Au génie près, dont l'apparition, dont l'éruption fut en lui tardive & comme imprévue, donnez moi un jeune homme élevé comme l'avoit été Rouffeau, je vous dirai quels feront dans l'âge mûr fes goûts, fes vertus & fes vices.

Sous ce point de vue, les premiers livres des *Confeffions* peuvent fervir de fupplément & comme d'appendix à l'Emile. Par exemple l'effet précoce des punitions de mademoifelle Lambercier, fi contraire aux intentions de celle qui les infligeoit ; le bouleverfement terrible, l'énergique indignation que produit dans cette jeune ame un châtiment de la même efpèce, mais appliqué cette fois par M. Lambercier lui-même, avec toute la force d'une main virile, & l'emportement d'un maître irrité, qui croit punir une faute, un menfonge & une obftination coupable, tandis que le malheureux enfant étoit innocent de la faute, rendoit par ſes dénégations hommage à la vérité, & ne s'obſti-noit avec tant de courage à nier que ce dont il n'auroit pu s'accuſer ſans mentir : ces deux ſcènes ſi différentes, & beaucoup d'autres du même temps, viennent à l'appui de pluſieurs de ſes principes ſur l'éducation de la première enfance.

Une ſcène toute contraire, où loin d'être le martyr de la vérité, il mentit lâchement, & ne mit d'intrépidité qu'à rejetter ſur une fille innocente le vol dont il étoit l'auteur, fournit encore une leçon plus importante. Ce crime, car il le nomme ainſi lui-même, ce crime qu'au lieu de le pallier, il aggrave de toutes les cir-conſtances qui peuvent le rendre plus odieux, & que dans ſes inſomnies douloureuſes, il ſe retraçoit, déja vieux, avec routes les angoiſſes du remords, à quoi tint-il qu'il ne fût pas com-mis ? Rappellez-vous que le coupable, encore enfant, fut interrogé devant une aſſemblée nom-breuſe ; qu'ayant dit d'abord par mauvaiſe honte qu'il tenoit de cette fille le ruban qu'il avoit volé, par mauvaiſe honte encore il n'oſa jamais ſe dédire quand devant la même aſſemblée elle fut confrontée avec lui. « Je craignois peu la » punition, dit-il, je ne craignois que la honte, » mais je la craignois plus que la mort, plus que

» le crime, plus que tout au monde. Je ne voyois
» que l'horreur d'être reconnu , déclaré publique-
» ment, moi préſent, voleur, menteur, calom-
» niateur. Un trouble univerſel m'ôroit tout autre
» ſentiment. Si M. de la Roque m'eût pris à part,
» qu'il m'eût dit : *ne perdez pas cette pauvre fil'e :*
» *ſi vous êtes coupable avouez le moi* ; je me ſerois
» jetté à ſes pied‹ dans l'inſtant ; j'en ſuis par-
» faitement sûr. Mais on ne fit que m'intimider
» quand il falloit me donner du courage. » Je ne
crois pas, Madame , avoir beſoin de vous faire
appercevoir la grande leçon d'éducation renfer-
mée dans ce peu de lignes.

Mais ſans avoir à élever ſes enfans ou ceux des autres , chacun de nous n'a-t-il pas à s'élever, à s'inſti-
tuer ſoi-même ? Cette éducation qui dure toute la
vie, & où l'on trouve toujours quelque choſe à faire,
a pour uniques moyens l'étude qu'on fait de ſoi,
& celle que l'on fait des autres. Si les *Confeſſions*
peuvent être utiles pour la première de ces études ,
elles ne le ſont pas moins pour la ſeconde, puiſque dans la ſociété , les hommes ſe compoſant
preſque tous une ſurface, ne ſe prêtent à nos
obſervations qu'avec réſerve & preſque à demi ,
au lieu qu'ici l'homme tout entier ſe dévoile ſans
reſtriction & ſans feinte.

Et non ſeulement il ſe montre & s'avoue franchement tel qu'il eſt , mais il nous apprend même

à tirer un réfultat de fes aveux. Tantôt il en exprime de grandes maximes de morale, telles que celle-ci, la feule peut-être, dit-il avec raifon, qui foit d'ufage dans la pratique, « d'éviter les » fituations qui mettent nos devoirs en oppo- » fition avec nos intérêts ; & qui nous montrent » notre bien dans le mal d'autrui ». Ou cette autre également vraie, & qu'il nous feroit fi profitable d'avoir toujours devant les yeux : » la vertu ne nous coûte que par notre faute ; » & fi nous voulions être toujours fages, rare- » ment nous aurions befoin d'être vertueux. » Tantôt il peint fi vivement le mécontentement intérieur & les retours fâcheux d'une faute commife, ou la fatisfaction & la joie intime d'avoir pris dans une fituation dangereufe, le parti de la vertu, qu'il ne vous laiffe, en toute occafion pareille, ni l'embarras, ni prefque la liberté du choix.

Quelquefois il vous fait profiter non feulement de fon expérience, mais de celle de quelques fages, dont la voix fe fit entendre parmi les orages de fa jeuneffe. Tel fut ce bon M. Gaime, dont il fit dans la fuite, par un fouvenir reconnoiffant, l'un des deux originaux de fon Vicaire favoyard, & qui lui difoit avec une fi grande jufteffe de fens, « que fi chaque homme pouvoit lire dans le cœur de tous les autres, il y auroit plus de gens qui voudroient defcendre que de ceux qui voudroient monter ».

A cet axiôme fi fimple, mais fi propre à modérer les defirs d'élévation & de fortune, il en ajoute un, qui ne l'eft pas moins à tempérer ce qu'il peut y avoir de romanefque & d'exagéré même dans la vertu ; c'eft « que l'enthoufiafme des vertus fublimes eft peu d'ufage dans la fociété ; qu'en s'élançant trop haut, on eft fujet aux chûtes ; que la continuité des petits devoirs toujours bien remplis ne demande pas moins de force que les actions héroïques ; qu'on en tire meilleur parti pour l'honneur & pour le bonheur ; & qu'il vaut infiniment mieux avoir toujours l'eftime des hommes que quelquefois leur admiration. »

Enfin comme dans cette première partie tout eft pour lui leçon ou tentation, chûte ou victoire, tout y eft confeil, & ce qui vaut beaucoup mieux, exemple pour le lecteur. Il y a peut-être moins de fruit à tirer de la feconde partie : mais on y trouve toujours cette analyfe ingénieufe des fentimens intérieurs, ces obfervations fines fur les motifs des actions humaines, & cet amour pour les chofes fimples & naturelles, ce mépris des plaifirs factices, ce goût pour la vie champêtre & contemplative, qui font les fages & les véritables heureux.

Laiffons , Madame , les ennemis de Rouffeau ne voir dans tout cela que la révélation de fes fautes , les citer avec complaifance , les raffembler en les exagérant , en former un faiffeau de traits empoifonnés , pour bleffer & outrager fa mémoire ; nous à qui la haine eft étrangère , à qui l'admiration eft douce & confolante , & qui ne croyons pas que pour quelques défauts corrigés & quelques vertus acquifes , nous n'ayons plus rien à faire dans l'art le plus difficile & le plus important de tous , voyons plutôt dans fes aveux ce qui peut nous fervir que ce qui peut lui nuire : profitons des exemples qu'il nous donne à fuir ou à fuivre : étudions-nous dans Jean-Jacques ; & fachons lui gré de nous avoir , fouvent aux dépens de fon amour propre , appris par fes *Confeffions* publiques à nous faire en fecret fincèrement la nôtre.

La différence qu'on remarque dans l'utilité morale des deux parties de cet ouvrage , exifte auffi , quoique moins fenfiblement peut-être, dans leur mérite littéraire. C'eft qu'il écrivit l'une dans le calme de la retraite (2) , & loin de tous les objets qui pouvoient aigrir fon ame ou effarou-

____

(2) En 1766 , 67 & 68 , à Wootton & au château de Trie.

cher ſon imagination ; l'autre pluſieurs années après parmi les agitations , les ſoupçons , les tranſes , que lui cauſoient les perſécutions ſouvent imaginaires , les piéges qu'il croyoit toujours tendus , la ſurveillance & l'activité d'une haine réelle , mais exagérée dans ſon eſprit par l'habitude & l'excès du malheur.

Lorſque les *Confeſſions* parurent pour la première fois , il doit vous ſouvenir d'avoir entendu beaucoup de gens , qui même ne paſſoient pas pour trop ineptes , mettre en doute qu'elles fuſſent véritablement de Rouſſeau ; non qu'ils ne vouluſſent bien croire tout le mal qu'il y dit de lui-même , mais parce qu'en fins connoiſſeurs , ils prétendoient n'y pas retrouver ſon ſtyle.

Rien ne devroit plus dégoûter de la paſſion d'écrire , que de voir combien de gens liſent & jugent ſans entendre. Les formes du ſtyle n'y ſont pas , il eſt vrai , les mêmes que dans ſes ouvrages politiques & oratoires ; il eſt moins tendu quoique peut-être auſſi travaillé. L'art , au lieu d'être dans l'arrangement des mots , dans la ſtructure , l'agencement & la correſpondance des périodes , eſt dans la vivacité , la variété , la coupe naïve & l'adroite ſimplicité des tours. Qui n'auroit lu que ſes deux Diſcours ſur les *ſciences* & ſur *l'inégalité* , ſon *Contrat ſocial* , & tous ſes différens morceaux d'économie politi-

que, feroit peut-être excufable de méconnoître
l'identité du ftyle des *Confeſſions* ; mais quiconque
a lu *Héloïſe*, *Emile*, la *Lettre ſur les ſpectacles*,
celle à *M. de Beaumont*, & ne retrouve pas ici
le même talent de peindre les grands objets,
& de relever les plus ſimples ; d'analiſer les ſentimens expanſifs ou ſecrets ; de faire parler aux
paſſions leur langage ; d'en ſuivre, dans tous
leurs détours, les ruſes & les ſophiſmes ; de
tracer des portraits vivans, agiſſans & frappans
de reſſemblance ; de ſaiſir le ridicule ; & d'ana-
thématiſer le vice ; d'échauffer l'imagination &
le cœur ſur les beautés de la Nature, par des
traits brûlans & fidèles, qui ne ſemblent exagérés qu'à ceux qui regardent la Nature ſans la
voir : quiconque enfin n'y a pas reconnu la
même main, la même plume, le même génie,
doit renoncer pour toujours à lire ou du moins
à prononcer un jugement ſur ſes lectures.

Quel charme & quelle vérité dans les détails
de ſa première jeuneſſe, de ſa première amitié,
de ſes premières amours ! On croit le voir auprès
de ſon père, lui liſant, pendant ſon travail, ou
des romans ou les grands hommes de Plutarque,
preſque auſſi romaneſques pour lui, & même,
hélas ! pour nous. On croit écouter les vieilles
chanſons de ſa tante, dont le ſouvenir, dans
ſes vieux jours, lui revenoit & l'attendriſſoit

:ore. On se met en tiers avec lui & le grand
ısin Bernard, dans la grande & terrible aven-
e du noyer de la terrasse ; plus volontiers encore
2c cette jolie demoiselle Goton, dans les jeux
fantins, où elle daignoit faire pour lui la maî-
sle d'école ; & malgré le mauvais germe qu'on
perçoit dans cette chasse aux pommes, qui de-
it, à travers les barreaux, dégarnir la *dépense* de
ı maître graveur, il la décrit avec une vérité si
iifante qu'on partage tous ses mouvemens, &
'on devient un instant son complice. S'il se
et en route d'Annecy à Turin, avec le dévôt
bran & sa sémillante moitié, on les voit, on
 suit, on est du voyage : ses rêveries & ses
âteaux en Espagne, pendant ces huit heureux
ırs, font disparoître la longueur du chemin,
r-tout lorsqu'on se rappelle d'avoir plus d'une
is ainsi rêvé dans sa vie.

Et lorsqu'on se rappelle d'avoir aimé, lors-
'on se sent un cœur capable d'aimer encore,
elle douce illusion n'éprouve-t-on pas au portrait
 cette sensible & modeste Madame *Basile*, à
tte scène si touchante d'amour, de pudeur &
 silence ? Le jeune homme à genoux tendant
s bras vers celle qu'il aime, sans croire en
re apperçu : le doigt timide, qu'elle détache
 son ouvrage, & qui, d'un simple mouve-
ent, indique, à ses pieds, une place où l'on se

dit qu'on feroit fi heureux ; & l'impétuofité de l'amant arrêtée foudain par le refpect, & fatis-faite de baifer une main, qu'il fent fe preffer doucement fur fes lèvres ; tout cela refte dans l'ame, & ne peut plus s'en effacer.

Il eft bien vrai , Madame , que pour goûter dans les *Confeffions* , & même dans la plus grande partie des autres ouvrages de Roufleau, tout le charme qu'il y a répandu , il faut une fenfibilité vraie , du penchant à la rêverie , des idées faines & des goûts fimples , fruit d'une education toute différente de celle qu'on reçoit à Paris. C'eft pour cela que la plupart des gens qui , dans ce pays, fe difent fes admirateurs, trouvent au fond fes fentimens exagérés , fes defcriptions romanefques , & par une fuite de conféquences , fa morale & fes principes outrés ; qu'enfin celui de nos philofophes qui a dit le plus de vérités, n'a pafsé long-temps que pour un homme à paradoxes.

Quand on n'a connu que le collége ou le couvent, & enfuite l'opéra, le Palais-royal, les bals parés, les cercles de Paris , & les promenades de Longchamps, comment fe figurer, par exemple , tout ce qu'eut de délicieux cette charmante journée champêtre , fi innocemment pafsée entre un jeune homme fenfible & deux jeunes & jolies filles, dans une liberté entière , & dans cette

belle faifon où tout invite au plaifir ? Qu'eft-ce
que cette journée pour un cœur gâté par de fauffes
jouiffances ? Deux filles rencontrées à cheval, au
bord d'un ruiffeau ; de l'eau jufqu'à mi-jambe,
pour les faire paffer, elles & leurs chevaux ; le
jeune Galant monté en croupe derrière l'une des
voyageufes, la ferrant avec force, mais n'ofant
dans toute la route mettre la main fur fon cœur,
quoiqu'elle répétât fouvent que la crainte de tomber
le faifoit battre ; un déjeûner, un dîner affez friand,
mais fur des bancs de bois , & une efcabelle à
trois pieds; des cerifes cueillies fur l'arbre , jettées
dans le tablier , & quelquefois dans le fein ;
enfin, pour toute proueffe , encore une main tendrement baifée. Qu'eft-ce , encore une fois que
cette belle partie de plaifir ?

Ce que c'eft !... demandez-le à Jean-Jacques.
» L'innocence des mœurs, vous répondra-t-il ,
» a fa volupté qui vaut bien l'autre , parce
» qu'elle n'a point d'intervalle , & qu'elle agit
» continuellement : pour moi, je fais que la
» mémoire d'un fi beau jour me touche plus, me
» charme plus, me revient plus au cœur, que celle
» d'aucuns plaifirs que j'aie goûtés en ma vie ».
Ce que c'eft !... Ah ! Que je me fais gré de
mon éducation provinciale ! Elle m'a mis dans
le fecret de ces douces & fimples jouiffances.
Ces peintures naïves ne frappent point mon cœur

d'images étrangères ; elles y trouvent d'autres images, qui-d'avance m'en ont fait sentir le charme, & dont elles renouvellent toute la vivacité.

Si les jours qu'elles me retracent sont passés sans retour pour moi, il n'en est pas ainsi d'autres plaisirs, où je trouve toujours le même attrait, & dont les descriptions ne me rappellent rien que je n'aime à réaliser encore. Je mets au premier rang les promenades, & même les voyages pédestres. Que Rousseau en a bien représenté toutes les délices ! Aller, venir, à droite, à gauche, ralentir ou presser le pas ; chercher ou fuir les chemins battus ; en tenter de nouveaux, d'impraticables ; gravir une route escarpée, s'asseoir sur la hauteur, & de-là prendre possession de toute la Nature environnante ; y laisser errer sa pensée ; s'y faire un bonheur à souhait ; y placer à sa portée tous les êtres qu'on aime ; donner des larmes à ceux qui ne sont plus . . . ; reprendre lentement sa route, s'arracher par degrés, en accélérant la marche, à ces idées mélancoliques, & retrouver dans la contemplation de la Nature la sérénité que cette contemplation même avoit troublée ; voilà ce que dans vingt endroits il peint beaucoup mieux sans doute que je ne le fais ici ; mais la preuve pour moi de l'excellence de ses

descriptions

defcriptions, c'eft qu'elles me retracent au naturel ce que j'éprouvai mille fois, & , que dans mes fouvenirs, je me furprends à confondre fouvent fes promenades & les miennes.

Cette cafcade écumeufe & bruyante, qui, dans les environs de Chambéry, tomboit, avec tant de fracas, au fond rocailleux d'un précipice; je crois l'avoir vue, parce qu'il me l'a fait voir; & j'ai fi bien fenti l'étourdiffement & les vertiges qu'il fe plaifoit à gagner, en plongeant d'en haut fes regards dans cet effrayant abyme, que la tête me tourne encore en y penfant.

Je ne fouhaite affurément, pour moi ni pour perfonne, la pofition où il étoit à l'un de fes voyages de Lyon, manquant de tout, & réduit à coucher dans la rue : mais ce qui prouve, ou l'inévitable féduction du talent de peindre, ou le peu d'influence réelle de ce qu'on appelle richeffe & pauvreté fur le bonheur & le malheur de la vie, c'eft cette réflexion que vous a peut-être infpirée, comme à moi, la peinture de cette nuit *volupiueufe* qu'il paffe dans un chemin au bord du Rhône, étendu *fur une pierre*, & dormant à la belle étoile. Le jeune vagabond qui dormoit ainfi, qui fe mit en s'éveillant à chanter de fi bon cœur une Cantate de Batiftin, quoiqu'il ne lui reftât dans fa bourfe que de quoi payer un mince déjeûner, fans s'alarmer de fon état, tout entier aux objets préfens, n'avoit vu dans fa pofition qu'un fommeil doux & tranquille, goûté fur les bords d'un fleuve, dans une fraîche nuit d'été, fous des arbres animés par le chant des roffignols ; & qu'un réveil plus doux encore, au milieu de tous les objets que de belles eaux, une épaiffe verdure, un admirable payfage offrent aux yeux & au cœur dans l'inftant le plus beau du jour... jamais avec tous leurs tréfors, les plus riches Satrapes de l'Afie goûtèrent-ils plus de voluptés ?...

Mais un bonheur indépendant de toute illufion, & que dans la pofition la plus heureufe on pourroit lui envier, c'eft celui de fon innocente & paifible vie aux Charmettes. Quel homme peut dire comme lui, & le diroit avec cette fimplicité perfuafive & touchante : » Je » me levois avec le foleil, & j'étois heuréux : » je voyois Maman, & j'étois heureux : je » parcourois les bois, les côteaux, j'errois dans » les vallons, je lifois, j'étois oifif, je tra- » vaillois au jardin, je cueillois les fruits, » j'aidois au ménage, & le bonheur me fuivoit » par-tout : il n'étoit dans aucune chofe affigna- » ble ; il étoit tout en moi-même, il ne pou- » voit me quitter un feul inftant » ?

Auffi, lorfque dans fes années orageufes , &
pendant fes longs malheurs , il vouloit , en dépit du fort & des hommes , goûter quelques
bons momens , il fe réfugioit en efprit aux
Charmettes , & recommençant dans fa penfée
ces doux & rapides inftans , il échappoit aux
douleurs préfentes par l'impreffion toujours
nouvelle de fes profpérités paffées.

Ah ! voilà de la pervenche ! Qu'il a bien
fait de confacrer ce mot! c'eft un de ces mots
du cœur , que l'efprit feul ne fait ni dire ni
retenir. L'émotion que lui donna la fimple vue
de cette plante , & qu'il exprima fi vivement ,
trente ans après que fa bonne & tendre *maman*
lui eût dit auffi : *voilà de la pervenche* , prouve
feule combien les moindres objets , dans cette
époque fortunée , s'étoient imprimés avant
dans fon ame. (3)

____

(3) L'effet de ce mot touchant prouve auffi l'empire
qu'exerce le génie , & l'efpèce d'illuftration qu'il
peut donner aux plus fimples productions de la Nature.
La fleur de Pervenche eft fort jolie ; mais elle étoit peu
connue ; & l'on s'inquiétoit rarement de ce que c'étoit
que la Pervenche. Je tiens de M. Desfontaines , profef-
feur de Botanique au Jardin du Roi , que depuis les
Confeffions , tout le monde , & fur-tout les femmes ,
lui demande à voir cette fleur.

Et ce qu'il y avoit de plus heureux dans ces impreſſions, c'eſt que, liées autrefois l'une à l'autre par une continuité non interrompue de ſenſations & de jouiſſances, elles ſe ſuivoient toujours, & ſe renouvelloient enſemble, toutes les fois que quelque haſard ou qu'une douce rêverie en rappelloit quelques unes à ſa mémoire. Je ne m'étonne pas qu'il aimât tant à careſſer les pigeons d'un de mes amis, qui fut le ſien, & qui n'eut jamais à ſe plaindre de lui, parce qu'il ne fut jamais avec Rouſſeau ni flagorneur, ni exigeant, ni traître. C'eſt qu'ils lui rappelloient ſans doute ſes *amis les pigeons*, qu'il avoit nourris aux Charmettes.

Malgré l'infériorité qui ſe trouve à certains égards dans les ſix derniers livres des *Confeſſions*, que de tableaux, que de deſcriptions y font ſentir la main du maître! quel autre eût donné le même intérêt aux *ſcuole* de Veniſe, à ces concerts de jeunes laidrons, qu'il avoit jugées, ſur leurs voix, belles comme des anges, & qu'il parvint à ſe figurer telles encore, en ceſſant de les voir & recommençant à les entendre? Quel autre eût décrit comme lui ſa douce retraite à l'Hermitage, & ſa vie à Montmorency, & ſa langueur, après d'horribles ſouffrances, & ſes raviſſemens pendant la compoſition de ſes ouvrages, & ſa fuite après le

décret honteux du parlement, & le repos
dont il jouit, mais pour si peu de temps, dans
la petite isle de St. Pierre, après la lapidation de Motiers ?

N'allez pas craindre que j'oublie ce qui
vous a sans doute le plus frappée, & ce que,
dans cette énumération rapide, j'ai omis
précisément, parce que je l'ai moins oublié
que tout le reste. Vous voyez que je veux parler de cette passion impétueuse qu'il éprouva
pour la première fois, à l'âge où la plupart
des hommes cessent d'en être susceptibles. L'a-
mour fut en lui comme le génie, aussi ardent
que tardif. Ce n'est pas qu'il n'en connût depuis long-temps les douceurs & les jouissances,
mais non les tourmens & les transports. Il
avoit préféré, desiré, joui ; mais il n'avoit point
véritablement aimé. L'amour brûlant, impérieux,
tyrannique, l'amour qui peut rendre coupable
& insensé, l'attendoit à l'âge de la sagesse.

S'il put aimer ainsi à cet âge, il est plus
surprenant encore que quinze ans après, c'est-
à-dire à plus de soixante, il ait pu retracer
de mémoire avec autant de chaleur & de vérité,
toutes les agitations de son ame. Pour cette
partie de ses *Confessions*, il retrouva dans sa
force la plume qui avoit écrit l'Héloïse. Quels
effets profonds & rapides d'une visite impré-

vue , dans un moment où fon imagination enchantée ne rêvoit que romans & qu'amour !
quels combats du cœur , & quels ingénieux
fophifmes dans fes délibérations avec lui-même !
quelle enivrante & innocente foirée dans les
bofquets d'Eaubonne ! & s'il m'eft permis
d'emprunter à la peinture une expreffion que
je ne puis trouver ailleurs , quelle fougue de
pinceau dans ces palpitations , ces frémiffemens ,
ces défaillances , auxquels il effayoit en vain de
fe fouftraire , pendant la route ou dans les
momens d'attente ! quel défordre & quel feu dans
ces élans impétueux de la nature , femblables
par leurs effets aux érotiques illufions d'un fonge !
c'eft ainfi qu'à vingt ans l'on fent & l'on peint
l'amour. Et comment dans fes premiers écrits n'auroit-il pas toujours été le plus éloquent apologifte
des femmes , quoique fouvent leur cenfeur
le plus févère ; comment , mettant à part tout
ce qu'un art mal-entendu leur ôte plutôt qu'il
ne leur donne , n'auroit-il pas fi bien peint
leurs graces naturelles , leurs douces féductions ,
leur foibleffe apparente , & leur véritable empire , fi dans les jours de fa vieilleffe , il put
encore trouver pour elles tant de feu dans fes
fouvenirs ?

A ne confidérer les *Confeffions* que comme

production littéraire, il s'en faut bien que je vous aie tout dit. Que de traits fins & délicats ! que de scènes variées & piquantes ! quel agréable mélange d'intérêt & de plaisanterie ; & de quelles formes éloquentes, vives & pittoresques tous ces objets sont revêtus ! quelle galerie de portraits je pourrois faire passer sous vos yeux, si même sans les rechercher dans le livre, je voulois ici vous les tracer tels qu'ils me reviennent dans l'esprit !

Ce seroit le brillant & séduisant Venture ; & le musicien le Maître, si bon homme qu'on l'appelloit *petit chat* ; & ce hideux lazariste, qui fait si bien opposition avec le doux M. Gâtier, second original du vicaire savoyard ; & le bruyant & fendant Courtille, toujours courant, toujours coignant, toujours criant à pleine tête ; & l'habit rouge à boutons d'or de M. Bazile, qui fit que, toute la vie, Rousseau eut en aversion la couleur rouge ; & M. Simon, juge Mage, Nain galant & littérateur, à la double voix, tantôt grave, & tantôt fausse & criarde, au petit corps mince & court, juché sur deux longues jambes divergentes & ouvertes en compas : ce seroit encore le stupide ambassadeur Montaigu, si vain, si plat, si friand de sequins ; & le bandit de Mantoue qu'il appelloit son gentil-homme,

& tous les plaiſans acceſſoires de cette ridicule ambaſſade ; & *Carrio* & l'aimable *Altuna*, & l'honnête curé *Maltor*, ancien ami de Jean-Baptiſte Rouſſeau, plein de reſpect pour ſa mémoire ourragée par la calomnie ; & le doucereux père Bertier, qui ſourioit lorſqu'on l'appelloit bonhomme, comme Panurge achetant les moutons de Dindenaud ; & les deux couſins gazettiers, ſurnommés à Montmorency *les commères*, & tant d'amis vrais ou prétendus, tant de ſimples liaiſons, tant d'ennemis dangereux, qui tous vivent & ſe meuvent dans ces mémoires, comme dans un drame . . . .

Mais je ne finirois pas, & il faut cependant finir. Ce n'eſt qu'une lettre que j'ai dû vous écrire ; & vouloir indiquer dans une lettre tout ce qui m'eſt reſté d'un ſi long & ſi intéreſſant ouvrage, feroit, je le ſens bien, une véritable folie.

LETTRE III.

IL me refte, Madame, à examiner l'opinion qu'on doit avoir de l'Auteur des *Confeſſions* : cette recherche eſt certainement la plus difficile, & le jugement qui doit la fuivre, le plus délicat à prononcer. Dans le bien comme dans le mal qu'on a dit de Jean-Jacques, on s'eſt long-temps livré aux exagérations, aux déclamations vagues de l'enthouſiaſme ou de la haine. Aujourd'hui les pièces du procès exiſtent, & font entre les mains de tout le monde. Les fautes dont Rouſſeau s'eſt accuſé font trop graves pour qu'on puiſſe croire qu'il ait rien diſſimulé : ce n'eſt plus tel ou tel bruit qu'il faut écouter ; ce font les *Confeſſions* & *les Lettres* qu'il faut lire.

Il femble donc qu'il ne s'agit plus que de comparer & de juger de bonne foi ; mais l'être moral qui eſt l'objet de cet examen étoit ſi complexe, il s'eſt préſenté lui-même fous tant d'afpects divers, que s'il eſt facile à la haine & à l'enthouſiaſme, aveuglés par leurs préventions, & ne cherchant qu'à les juſtifier, de choiſir l'un tout le bien , l'autre tout le mal , & de prononcer , en fermant chacun les yeux ſur ce qui lui eſt contraire , il eſt d'une extrême difficulté , pour un juge intègre & non prévenu , d'exprimer de tant d'actions , de ſentimens & de penchans contradictoires , un jugement équitable , & un réſultat définitif.

Il faut d'abord diſtinguer dans Rouſſeau deux êtres fort différens , dont l'un ne commença d'exiſter qu'à plus de la moitié de ſa vie , mais qui depuis lors eurent toujours l'un ſur l'autre une très-forte influence : il faut juger premièrement en lui l'homme , enſuite l'auteur , & l'individu compoſé , dans lequel ces deux qualités ſe confondent. Ne m'en veuillez pas, je vous prie , de toutes mes diſtinctions, ni des ſubdiviſions que vous y verrez peut-être encore : c'eſt le ſeul fil que j'aie trouvé pour ne pas m'égarer dans ce labyrinthe. Ce que je crains le plus c'eſt de ne pouvoir tout vous dire aujourd'hui , & d'être obligé de m'étendre plus que je ne le voudrois. Je vois bien à peu près le terme où je dois arriver , mais je ne vois peut-être pas toute la longueur de la route.

Lorſque j'ai avancé, dans ma lettre précédente, que ſi vous me donniez un enfant élevé comme le fut Rousseau, je vous dirois quels vices & quelles vertus il devroit avoir, étant parvenu à l'âge d'homme, je n'ai pas entendu par cette éducation, seulement les leçons des maîtres, mais celles des choses & des évènemens, leçons bien autrement efficaces. Le discours le plus éloquent ne nous persuade, ne nous détermine, ne produit en nous de bons ou de mauvais germes, que lorsque n'étant distraits par aucune idée, par aucune passion étrangère, nous lui avons donné toute notre attention, &, pour ainsi dire, ouvert toute notre ame. Or cette attention étant à peu près impossible aux enfans, exhortations, conseils, préceptes, tout cela glisse ordinairement sur eux ; mais l'évènement, où l'objet extérieur les frappe, les saisit, les passionne, & donnant sa leçon dans ce moment favorable, il la grave profondément, & le plus souvent pour la vie.

Qu'un enfant, libre de toujours courir, &, s'il le veut, dispensé de jamais lire, trouve sous sa main des livres qui lui plaisent, qui l'attachent ; qu'aimant tendrement son père, il voie qu'en lisant tout haut auprès de lui, il l'amuse, il l'intéresse autant qu'il est amusé & intéressé lui-même, un goût vif pour la lecture, & le dégoût des amusemens de son âge n'en seront-ils pas la suite naturelle ?

Et si ces livres, lus avec tant de plaisir, de recueillement & de suite, sont des romans, non tels qu'on les fait aujourd'hui, mais tels qu'ils étoient encore au commencement de ce siècle, les romans de Scudéry, de la Calprénède, & les Bergeries de Durfé, l'enfant, introduit dans ce monde surnaturel & idéal, avant de l'être dans le monde réel, ne prendra-t-il pas, & peut-être pour toujours, l'habitude de voir dans les hommes ce qu'ils ne sont pas, d'être soi-même ce qu'ils ne supposent jamais qu'on soit, d'exalter tous ses sentimens, d'outrer toutes les vertus ?

S'il est ensuite précipité de ces charmantes fictions dans des réalités misérables, si l'apprentissage d'un métier méchanique, & les brutales duretés d'un maître le défenchantent & le flétrissent, si sa mauvaise étoile l'entraîne hors de sa patrie, & qu'il aille, errant au hasard, en butte à la pauvreté, aux protections, aux refus ; jetté dans un sale hospice de cathécumènes, pour abjurer ce qu'il n'entend pas, en faveur de ce qu'il n'entend pas davantage ; enfin leurré par un vague espoir de fortune, qui aboutit à porter la livrée ; si des

Bâcles , des Ventures , des Archimandrites grecs s'emparent de lui & lui soufflent un efprit aventurier , peut-être plus aviliffant que l'efprit de fervitude , quelle abjection de fentimens , quelle confufion d'idées , quelles vicieufes inclinations ne feront pas la fuite de toutes ces épreuves , qui viennent , pendant les précieufes années de la jeuneffe , affaillir fucceffivement une ame foible , & dont un fi petit nombre d'ames qui fe croient fortes feroient forties victorieufes ?

Mais avant que ces mauvais penchans aient jetté de trop profondes racines , avant auffi que les premières impreffions de ces lectures romanefques & de celle du bon Plutarque qui les avoit fuivies , foient totalement effacées ; dans l'âge où les principes s'établiffent , où le caractère fe fixe , où l'être moral reçoit en quelque forte la dernière empreinte des objets environnans , pour la garder toute la vie , ouvrez à ce jeune homme , que vous croyez perdu , un afile falutaire où il puiffe oublier fes malheurs ; que dans une retraite champêtre , dans la fociété d'une femme aimable , dans le mélange délicieux des douceurs de l'indépendance , de l'étude & de l'amitié , il nourriffe , pendant plufieurs années , fa raifon d'idées faines, fon ame de fentimens tendres, fon efprit de connoiffances utiles,; qu'une fanté chancelante, une maladie grave; fuivie d'une langueur qui femble devoir le conduire lentement & doucement au tombeau, le défabufent des faux biens de la vie, & lui ôtant même le plus fouvent l'efpoir du lendemain, l'habituent à jouir du préfent avec plénitude, & à vivre au jour le jour; quels effets produira ce troifième ordre de chofes ? Sans pouvoir entièrement détruire les effets des deux premiers, il les modifiera de forte qu'ils ne feront plus qu'accidentels, tandis que les fiens, plus étroitement liés, plus intimement fondus avec les inclinations naturelles, deviendront la nature même, l'exiftence habituelle & le vrai fond du caractère.

Ainfi né avec une ame tendre & un cœur paffionné, mais en même temps avec un grand fond d'indolence, une forte de lenteur à penfer & fur-tout à vouloir, le jeune élève des Charmettes aura pris l'habitude de réferver pour fes méditations folitaires, pour fes afpirations à la vertu, pour des études, fouvent opiniâtres & prefque auffi fouvent infructueufes, toute l'ardeur de fes defirs & les forces de fa volonté. Son indolence & fon

apathie fe feront portées fur tout ce qui a trait
à la fortune , aux diftinctions fociales , & aux
jouiffances de la vanité. Sa timidité naturelle
fe fera augmentée dans la retraite , ainfi que
fon dégoût pour toutes les importantes niaiferies
de fociété; enforte que, lancé par la fuite
dans le monde , il n'en aura jamais le ton,
l'aifance , l'infignifiante loquacité : faute d'avoir
commercé avec les hommes , il ne connoîtra
l'homme que par des abftractions qui le lui
montreront toujours tel qu'il devroit être , tel
qu'il feroit , s'il ne s'étoit pas défiguré lui-
même ; & qui ne le difpoferont à jetter fur les
grandes affociations humaines que des yeux atten-
dris par les maux, ou bleffés par les vices dont elles
offrent le fpectacle; à s'irriter contre tous les obfta-
cles qu'ont mis les hommes à leur propre bonheur;
enfin , à paroître mifantrope par amour pour
l'humanité ! Tous fes goûts feront fimples , fes
penchans conformes à la nature, fes affections
douces , fon ame aimante , fon cœur confiant ,
mais trop fenfible pour n'être pas facile à bleffer.

Tirez-le enfin de fa retraite ; jettez-le dans le
tourbillon du monde : que fans plan arrêté , fans
but fixe , il vienne à Paris, avec le defir indéter-
miné de tenter la fortune ; qu'il fe répande parmi les favans & les gens de lettres , pour cultiver
& faire connoître fes talens , parmi les gens

riches , pour tâcher d'en tirer parti ; timide &
réservé , comme on l'est en quittant une vie solitaire , que n'aura-t-il pas à souffrir de la morgue
des premiers , & de l'insultant orgueil des autres ?
Souvent obligé de se retirer en soi, il y rassemblera,
pour ainsi dire , les élémens des trois premières
époques de sa vie ; & moins affecté désormais
des objets que des souvenirs , il ne contractera
point les vices prétendus aimables de la Capitale ,
il n'en adoptera point les froides & fausses vertus ;
il ne se pliera point à ces momeries convenues ,
qu'on nomme usage : l'indolence qu'il reçut de
la nature , & dont sa vie des Charmettes a comme
fécondé le germe ; l'exaltation des sentimens, fruit
de sa première admiration pour des héros de roman , & pour les grands hommes de l'antiquité ;
le goût des rêveries contemplatives , contracté
dans ses fréquens voyages ; & malheureusement
aussi quelques restes des mauvais plis imprimés à
son ame pendant ses années d'infortune & d'a-
vilissement ; voilà ce dont se composera son exis-
tence morale.

Et voilà en effet quelle fut celle de Jean-Jacques à Paris , jusqu'au moment où une effer-
vescence imprévue vint l'enlever à l'obscurité , au
repos & à lui-même. C'étoit un honnête homme,
un homme d'un esprit cultivé , aimant les lettres,
les arts , & sur-tout la musique ; pauvre , & ne
pouvant

pouvant fe réfoudre à faire, avec un peu de fuite, rien de ce qu'il faut pour ceffer de l'être; habitüellement bon, humain, doux à vivre, n'annonçant encore ni l'élévation du génie, ni celle des principes; s'abaiffant même quelquefois à des mouvemens fans nobleffe, & laiffant par momens affaiffer & détendre fon ame; en un mot, incapable d'un grand effort, & très-capable d'une foibleffe, mais fans fiel, fans malice, fans fauffeté, fans envie, inacceffible à la haine, à la malveillance, à l'intérêt, à l'ambitition, à tout ce qui fait les méchans, & rend l'homme ennemi de l'homme.

Mais eft-il bien vrai que fon génie fut auffi tardif qu'il parut l'être, & que j'ai femblé en convenir jufqu'ici, pour me conformer aux idées reçues?

N'entreprenons point de définir l'indéfiniffable Génie ; mais reconnoiffons du moins une de fes propriétés, tellement inhérente, que là où elle n'eft point, là vous le chercheriez vaine-ment : c'eft celle de voir dans les objets non feulement leur forme diftinctive & leurs rapports entr'eux, mais une fource inépuifable de fenti-mens & de penfées, mais un ordre particulier d'êtres que l'imagination anime, qui parlent à l'ame, & à qui elle répond par des élans & des infpirations, à jamais inconnus, je ne dis pas à la fottife, à la nullité, mais même à l'efprit

D

qui n'eft qu'efprit, quelque fin , quelqu'élevé, quelque orné qu'il puiffe être , & qui conftituent en un mot l'un des attributs exclufifs du Génie.

Or, je n'ai pas befoin de vous rappeller en combien d'endroits des *Confeffions* l'on retrouve des preuves de cette faculté , qu'on peut nommer créatrice , lors même qu'on ne la fixe à aucun fujet déterminé, & qu'on ne lui laiffe rien produire , puifque donnant une ame à ce qui eft inanimé, s'élevant au-deffus de l'ordre exiftant des chofes, & fe dégageant du préfent pour s'élancer dans l'avenir, elle paroît en effet créer un autre Univers. Je vous citerai feulement ce paffage du quatrième livre:

« fi pour fixer toutes ces images charmantes,
» tous ces fentimens délicieux, je m'amufe à
» les décrire en moi-même, quelle vigueur
» de pinceau, quelle fraîcheur de coloris;
» quelle énergie d'expreffions je leur donne! On
» a, dit-on, trouvé de tout cela dans mes
» ouvrages, quoiqu'écrits vers le déclin de mes
» ans. Oh ! fi l'on eût vu ceux de ma première
» jeuneffe, ceux que j'ai faits durant mes voya-
» ges, ceux que j'ai compofés & que je n'ai
» jamais écrits !..... Pourquoi, direz-vous, ne
» les pas écrire ? Et pourquoi les écrire, vous
» répondrai-je ? Pourquoi m'ôter le charme ac-
» tuel de la jouiffance , pour dire à d'autres que

» j'avois joui ? Que m'importoient des lecteurs,
» un public, & toute la terre, tandis que je
» planois dans le ciel ? »

Comme l'art d'écrire ne confiste pas dans
l'ufage matériel de la plume, mais dans le
talent d'imaginer & de peindre, vous voyez
qu'avant de compofer aucun livre, Jean-Jacques étoit auteur depuis long-temps, & que
fon génie étoit bien loin d'avoir autant tardé
à éclore qu'à paroître.

Mais les divers effais qui font reftés de lui,
antérieurs à fon Difcours fur les fciences, lettres,
mémoires, poéfies, tout eft de la plus grande
médiocrité; rien n'annonce l'homme de génie, ou même le bon écrivain..... Rien non
plus, répondrai-je, n'y annonce, le penfeur, ni
l'homme inftruit; & cependant fes méditations,
fes lectures & fes études en divers temps,
fur-tout pendant fa retraite chez Madame de
Warens, lui avoient acquis déja une affez riche
collection d'idées & de connoiffances.

Le moment n'étoit pas encore venu, où
bleffé de toutes parts des misères de l'homme,
fruit des inftitutions fociales, où perfonnellement aigri par la tyrannie & l'injuftice des
hommes puiffans, & convaincu, par la fréquen-
tation des favans, de la vanité des fciences pour
le bonheur & pour la vertu, il devoit raf-

fembler toutes les contemplations, toutes les penfées, tous les faits, épars dans fon imagination & dans fa mémoire ; en tirer un réfultat fimple, un fyftême unique ; vaincre enfin fa pareffe naturelle, & ne fe bornant plus à écrire pour foi dans fon cerveau, apprendre l'art difficile d'écrire pour les autres ; changer en talent fon inftinct, & par un choix adroit de modèles & d'objets d'imitation, fe faire un ftyle & une manière inimitables.

Ce moment vint enfin : une queftion académique le fit naître. *Le progrès des fciences & des arts a-t-il contribué à corrompre ou à épurer les mœurs ?* D'après le développement fucceffif de fes idées, & le tour habituel de fes réflexions, quelle devoit être fa réponfe ? Etoit-il libre dans fon choix ? ne dut-il pas voir fur le champ, & comme par un coup de lumière, dans la folution de ce problême, le premier anneau d'une chaîne de démonftrations & de maximes, qui alloient lui expliquer, & par fa voix expliquer à tous les hommes, la fource de leurs maux, l'injuftice de leurs plaintes, & par quelle route ils pouvoient encore revenir au bonheur ?

Et pourtant Diderot a ofé dire que c'étoit lui qui avoit détourné Jean-Jacques de prendre dans cette caufe le parti de l'affirmative ; tandis que, fou-

tenue négativement , elle tient à toute fa vie précédente, & n'eft, pour ainfi dire, qu'une tête, dont
tous fes ouvrages fuivans forment les membres
& le corps (1) : & d'honnêtes gens, qui ont quelques prétentions au titre de gens raifonnables,
croient & redifent encore cette évidente fauffeté ! Qu'ils tâchent donc enfin de connoître
l'homme éloquent & fublime, qui dut à fa propre
conviction fa fublimité, fon éloquence : qu'ils
ceffent de fuppofer ou de croire qu'avec le feul
talent d'écrire , il eût allumé dans les cœurs , un
feu dont le fien n'eût pas été le foyer & le centre ;
& qu'on poſsède ainfi tous les fecrets de la per-
fuafion , fans être perfuadé foi-même : s'ils n'ont
pas honte d'être injuftes , qu'ils rougiſſent au
moins d'être abfurdes.

En foutenant, dans cette occafion éclatante ;
l'opinion contraire aux idées communes , il
fuivit tellement le fil accoutumé des fiennes,
qu'elles fe réveillèrent & l'affaillirent toutes à

---

(1) « Lorfque le programe de l'Académie de Dijon
» parut, il vint me confulter fur le parti qu'il pren-
» droit. Le parti que vous prendrez, lui dis-je, c'eſt
» celui que perfonne ne prendra. Vous avez raifon
» me répliqua-t-il , &c ».
Effai fur les règnes de Claude & de Néron.

la fois , & que fubjugué déformais par leur puiffance réunie , il ne lui fût plus libre d'être que ce qu'elles voulurent qu'il fût. La place de caiffier d'un Receveur général lui étoit alors offerte. Mais comment accorder la févérité de fes principes avec un état de cette efpèce ? Comment prêcher, comme il avoit réfolu de le faire toujours , le défintéreffement & la pauvreté , parmi les calculs de l'intérêt & les fpéculations financières ? Comment enchaîner à une caiffe l'auteur de la profopopée de Fabricius ? Voilà la caiffe refufée , Jean-Jacques libre & pauvre , montant fes fentimens fur le ton de fes idées, réformant fes habits & fa conduite fur le modèle de fes opinions , vendant fa montre , & s'écriant dans un tranf-port de joie : *grace au Ciel ! je n'aurai plus befoin de favoir l'heure qu'il eft* ; enfin choififfant, pour vivre, le métier de copifte de mufique, afin de ne pas changer en métier le noble talent d'écrire.

Dans l'effervefçence héroïque qui s'empara de fon ame , & qui fe foutint au même degré pendant quatre ou cinq années , il ne voit plus rien de beau que de fuivre les grands exemples qu'il avoit admirés dès fon enfance. Delà fa haine ouverte & déclarée contre les charlatans & les hypocrites de morale ; fon averfion

pour toute efpèce de joug, fur-tout pour celui
des bienfaits ; & la loi qu'il s'impofa de fuir
non feulement tout véritable fervice, mais même
tous ces légers préfens, que la plupart des gens
du monde mettent ou tant de fafte, ou tant
de mal-adreffe à faire, & dont ils exigent tant
de reconnoiffance : de-là enfin cette roideur apparente de caractère ; cette caufticité cynique,
qui remplaça tout-à-coup fa timidité naturelle ;
& cette difpofition au farcafme, excitée fans
ceffe par tout ce que la fociété, dans ces temps
de frivolité, de corruption & d'efclavage, of-
froit de vil ou de ridicule à qui la regardoit
de cette hauteur.

Parmi tant de gens de lettres, habitués à
garder pour leurs ouvrages la rigidité de leur
philofophie, à l'humanifer dans le commerce
du monde, à demander, en quelque forte, par
leur conduite analogue aux mœurs du temps,
grace pour ce qu'on nommoit les fophifmes &
les paradoxes de leurs livres, ne dut-il pas paroître affecter de la bifarrerie, & vouloir jouer
un rôle, précifément parce que dans fa vie,
comme dans fes écrits, il ne jouoit rien, ne
déguifoit rien, ne fe plioit à rien, & ne pouvoit ftyler & façonner fon ame ni à feindre
des fentimens qu'elle n'avoit pas, ni à farder
ceux dont elle étoit remplie ?

Le prix qu'obtint ce Difcours fixa fur l'Auteur l'attention publique. Son éloquence fut ad-
mirée; mais fon opinion paffa pour un fimple
jeu d'efprit. On commença dès-lors à le criti-
quer fans le comprendre. On écrivit contre
lui des brochures, où le plus fouvent on répondoit à toute autre chofe qu'à ce qu'il avoit
dit. Il répliqua vigoureufement à M. Gautier
de Nancy, qui n'en valoit guère la peine; à
M. Borde qui, dix ans auparavant, s'étoit mon-
tré fon ami, & qui lui pardonna fi peu d'a-
voir raifon, que dix ans après, & dans le temps
de fes malheurs, il devint un de fes plus vio-
lens ennemis; enfin au bon Roi Staniflas qui,
s'étant un peu aidé du père *Menou*, procuroit à
Rouffeau le plaifir affez rare de réfuter en même
temps un Roi & un Jéfuite.

Mais il répondit bien mieux à toutes ces
critiques par fon Difcours *fur l'origine de l'inégalité parmi les hommes*, ouvrage dont la même
Académie eut bien le courage de propofer le
fujet, mais qu'elle n'eut pas celui de couronner.
Son vol étant plus élevé, moins de lecteurs
pouvoient le fuivre. Il avoit peint l'homme
quittant les bois pour fe réunir en fociétés, &
bâtir des villes; on l'accufa d'avoir dit qu'il
falloit quitter les villes, rompre les fociétés,
& retourner dans les bois. Voltaire lui ayant

écrit, qu'en le lifant il prenoit envie de marcher à quatre pattes, Rouffeau paffa pour avoir voulu engager l'homme à marcher ainfi; fans doute, parce qu'il avoit démontré phyfiquement que, même dans l'état le plus fauvage, l'homme étoit néceffairement bipède.

Vous voyez dans la manière dont il compofa cet ouvrage, la preuve de ce qu'il a dit des rêveries de fa jeuneffe, auxquelles il ne manqua rien que d'avoir un but fixe, d'être l'objet d'un travail & non d'une fimple jouiffance, & enfin d'être écrites, pour former des ouvrages plus éloquens peut-être que tout ce qui eft forti de fa plume.

Pour méditer ce grand fujet, il ne confulte ni les hommes ni les livres; il ne s'enferme point dans l'obfcure enceinte d'un cabinet : il va plaider la caufe de la Nature; c'eft à la Nature à l'infpirer; c'eft entre fes bras qu'il fe jette; c'eft aux forêts, première habitation des hommes, qu'il va demander comment ils en fortirent. Retiré pendant une femaine à Saint-Germain, il s'enfonce dans cette antique & fuperbe forêt : habitué déformais à refferrer, à contenir, à maîtrifer fes penfées, il joint l'ordre de la méditation à la chaleur de l'enthoufiafme: dans ces routes écartées, parmi ces chênes vénérables, qui femblent contemporains de la

naiſſance du monde ; il cherche, il trouve
l'image des premiers temps, dont il trace fiè-
rement l'hiſtoire. « Mon ame, dit-il, exaltée par
» ces contemplations ſublimes, s'élevoit auprès
» de la Divinité, & voyant de-là mes ſembla-
» bles ſuivre dans l'aveugle route de leurs pré-
» jugés, celle de leurs erreurs, de leurs mal-
» heurs, de leurs crimes, je leur crïois d'une
» voix foible qu'ils ne pouvoient entendre :
» inſenſés, qui vous plaignez ſans ceſſe de la
» Nature, apprenez que tous vos maux vous
» viennent de vous ».

Dans un Eloge de Rouſſeau, on pourroit, on
devroit même examiner à loiſir tous ſes ouvrages,
analyſer l'eſprit, le but, le plan de chacun
d'eux, & le rapport de l'un à l'autre, & cette
unité admirable, qui fait du tout enſemble la
démonſtration d'une ſeule vérité, le développement d'une ſeule penſée. Dans ces Lettres,
écrites pour vous ſeule, je n'ai point une ambi-
tion ſi relevée. Il faudroit un ouvrage entier
pour remplir cette tâche : elle fourniroit à celui-
ci un trop long Epiſode ; & je ne dois pas oublier que c'eſt ſeulement ſur les *Confeſſions* que
j'ai promis de vous écrire. Mais je trouve dans
cette production, ſur la naiſſance des premières,

mille détails intéreſſans que je regrette de ne
pouvoir vous rappeller dans cette eſquiſſe trop
rapide. Ce ſont les principaux faits de la vie
de Rouſſeau, conſidéré comme Auteur : ce ſont
des commentaires précieux qui jettent un nouveau jour ſur de ſi beaux textes ; & qui donnent
à leur tour aux ſix derniers livres des *Confeſſions* un grand avantage ſur les ſix premiers.

A meſure que de nouvelles générations ſuc-
céderont à la génération préſente, & s'éloigne-
ront du temps où Jean-Jacques a vécu, ce
qui regarde ſa perſonne & ſes qualités bonnes
ou mauvaiſes pourra perdre de ſon intérêt ; mais
il n'en ſera pas ainſi de ce qui regarde ſon génie,
des circonſtances au milieu deſquelles nâqui-
rent ſes principaux ouvrages, & qui ont, pour
ainſi dire, environné leur berceau.

Dans tous les ſiècles, (car les ſièeles les plus
reculés liront, méditeront, admireront Rouſſeau,
lors même qu'ils auront oublié juſqu'au nom de
ſes détracteurs), on dira : c'eſt dans une charmante ſolitude, c'eſt dans le ſéjour délicieux
de l'Hermitage & de Montmorency, que ce grand
peintre de la Nature, preſque toujours ſeul avec
ſon modèle, en traça le portrait, en retrouva les
titres perdus & les loix effacées : c'eſt-là que
nourriſſant de douces chimères, une ame dévorée
du beſoin d'aimer, raſſemblant autour de lui

dans ses promenades extatiques, au retour du printemps, au premier chant du rossignol, & sous la verdure renaissante, des êtres angéliques, tels qu'il n'en avoit point trouvés sur la terre ; personnifiant les deux idoles de son cœur, l'amour & l'amitié, dans une Julie, une Claire, un Saint-Preux ; & se transportant avec eux auprès de ce beau lac Léman, dont le souvenir le poursuivoit sans cesse, il devint le confident de leurs amours ; qu'il écrivit, presque sous leur dictée, quelques lettres éparses de *l'Héloïse*, sans ordre, sans liaison, sans autre but que de soulager la plénitude de son cœur ; qu'enfin obligé de céder à une impression dont le deuil de la Nature, les rigueurs de l'arrière-saison, & l'hiver même ne purent affoiblir le charme, il soumit à un plan régulier ses vagues & délicieuses rêveries, & résolut, non sans quelque honte, son austère philosophie à la composition d'un Roman.

Mais en lui le romancier ne pouvoit cesser d'être philosophe. Il voulut qu'une jeune fille, vaincue par sa foiblesse, après avoir intéressé par cette foiblesse même, se relevant, pour ainsi dire, femme supérieure aux passions, & inaccessible aux plus douces tentations de l'amour, rouvrît le sentier de la vertu à celles qui, s'en étant écartées une fois, croiroient n'y pouvoir plus rentrer. Il voulut ranimer chez un peuple & dans un siècle corrompus, le respect pour un lien sacré, devenu le jouet du vice, & pour les mœurs domestiques, dont il est la base, comme elles sont celle de toutes les vertus sociales. Dans un temps où l'intolérance du fanatisme avoit rendu l'incrédulité même intolérante, il voulut ramener à des sentimens plus doux les deux partis acharnés l'un contre l'autre, par la piété sensible & raisonnable de Julie, & par l'athéïsme indulgent & humain de Wolmar. Enfin par la peinture admirable de la vie & des plaisirs champêtres, il continua de remplir sa mission philosophique, en montrant toujours dans la Nature le remède à tous les maux que la société fait aux hommes.

C'est à Montmorency, qu'alarmé pour Genève, qui étoit encore sa patrie, du projet d'un établissement qu'il croyoit fait pour la corrompre, le cœur encore rempli d'une passion malheureuse, accablé de maux qui lui faisoient croire sa fin prochaine, au milieu d'un rude hiver, dans un donjon isolé, *sans abri contre le vent & la neige, sans autre feu que celui de son cœur*, il écrivit à d'Alembert cette lettre éloquente, où les maximes d'une vertu sévère sont adoucies par une teinte mélancolique, fruit de la situation de son ame; où plus ferré que jamais dans fes raifonnemens, il parle cependant au cœur autant qu'à la raifon; où le danger des fpectacles, dans une petite république, eft démontré jufqu'à l'évidence, par des argumens, qui ne furent des paradoxes que pour ceux qui, fans s'appercevoir de cette erreur, les appliquoient toujours aux fpectacles de Paris; où pour la première fois, car l'Héloïfe ne paroiffoit pas encore, on vit dans l'inflexible ennemi des vices & des travers des hommes, le fenfible appréciateur des femmes, le cenfeur quelquefois amer de tout ce qui détruifant les vertus propres à leur fexe, en détruit auffi tout le charme, & en affoiblit l'empire; mais l'adorateur délicat, qui ne les dépouilloit d'un pouvoir factice, accordé par la fociété corrompue, que pour leur rendre tout celui qu'elles ont dans la fociété bien ordonnée, & qu'elles ne peuvent abdiquer que volontairement, puifqu'elles le tiennent de la Nature.

C'eft de Montmorency que fortit, pour éclairer à jamais l'homme fur fes droits, & pour fervir un jour de phare à de hardis Légiflateurs, ce *Contrat focial* qui, fous un régime arbitraire, parut peu dangereux, parce qu'incapable de l'entendre, on le regarda comme un rêve politique; rêve aujourd'hui réalifé par l'abolition de

ce régime abfurde. Là renonçant à émouvoir,
il ne voulut que démontrer & convaincre : il
fut auftère, grave & concis comme la Loi. Il
écarta toute localité, tout préjugé, tout fyftême ; & remontant à l'eſſence primitive de la
fociété humaine, il arracha les nations, non-
feulement des mains de leurs tyrans, mais de
celles des faux publiciftes vendus à la tyrannie.

L'inaliénable fouveraineté du peuple ; le droit
de réprimer par la force le prétendu droit du
plus fort ; les gouvernés rétablis dans leurs pré-
rogatives, ufurpées par les gouvernemens ; l'é-
galité des droits, fondement de toute affocia-
tion légitime ; voilà ce qu'il ofa foutenir en
France, où le peuple, loin d'être regardé comme
fouverain, étoit ravalé au - deffous de la con-
dition des efclaves ; où la force d'opinion avoit
écrafé la force réelle ; où le gouvernement dé-
prédateur, fcandaleux, defpotique, fe jouoit
également des biens, des mœurs, des loix
& des libertés ; où les rangs étoient pris
pour des droits ; où ils s'opprimoient graduellement entr'eux, & pefoient tous enfemble fur le peuple : voilà, dans un tel état
de chofes, fur quelles bafes il ofa établir les
titres imprefcriptibles de tous les peuples à la
liberté : voilà ce qui, tôt ou tard, avec plus ou

moins de modifications locales, finira par rendre libres tous les peuples de l'univers ! (2)

Enfin c'eſt à Montmorency que fût tracé ce code d'Education, ſanctionné par la Nature ; code immortel qui, dès ſa naiſſance, eut force de loi, en dépit de l'ariſtocratie des colléges ; qui, tandis

---

(2) Je ſais les objections que l'on tire de ſon opinion ſur les repréſentans du peuple, & ſur l'incompatibilité de la liberté avec les grands états ; mais différer avec lui ſur ces deux points & ſur quelques autres, c'eſt ſeulement prouver qu'en le ſuivant dans tout le reſte, on a autant cédé à l'autorité de la raiſon qu'à la ſienne. Certains critiques ont beau dire que ſi Rouſſeau revenoit au monde, *il ſeroit étourdi des hommages qu'on lui rend :* (partie politique du Mercure de France, année 1790, n°. 27.) S'il revenoit au monde, il conviendroit ſans doute qu'en faiſant beaucoup pour la liberté, il a encore laiſſé beaucoup à faire ; il reconnoîtroit que la liberté, non pas abſolue, il eſt vrai, mais relative & ſuffiſante, peut s'allier avec de grands états, comme après avoir entendu Orphée, il avoua, contre ce qu'il avoit prétendu juſqu'alors, que la muſique n'étoit pas incompatible avec la langue françoiſe. Il ne *ſeroit étourdi* que d'entendre un étranger, un Genevois décrier, en France, la Conſtitution françoiſe, avant qu'elle ſoit achevée, & ſe permettre indécemment contre elle & ſes auteurs des outrages hebdomadaires.

qu'on

qu'on le difoit impraticable , étoit mis en
pratique de toutes parts ; délivroit l'enfance des
liens barbares qui la garottoient, & de l'inftruc-
tion pédantefque qui l'abrutiffoit ; rappelloit à
leurs devoirs & à leurs plus doux plaifirs les
mères, égarées par la diffipation du monde , &
même exerçoit fur elles un tel empire , qu'en
France, où la mode étoit tout, il faifoit une mode
de l'amour maternel.

Lorfqu'il parut, à quoi peuvent fervir, di-
foit-on , ces fyftêmes fpéculatifs ? & n'en pré-
voyant pas alors toutes les conféquences, on pouvoit être embarraffé que répondre. Mais en voyant
prefque univerfellement répandus aujourd'hui ,
parmi les gens bien élevés, l'amour de l'égalité,
de la liberté, le refpect pour le peuple & pour les
profeffions utiles, le dégoût pour le faux favoir
de l'école, pour le faux brillant du bel efprit ,
pour le faux éclat des grandeurs ; le don du
raifonnement, naturel à l'homme lorfqu'il n'obf-
true pas fa raifon, & fur-tout l'efprit de tolé-
rance , qui a enfin détruit celui de perfécution ,
même dans les ames religieufes ; témoin de ces
heureux effets, de cette grande révolution morale qui a préparé notre révolution politique, fi
l'on demande quelle en eft la caufe , on peut
avec affurance répondre : c'eft EMILE.

Votre fexe, Madame, lui doit peut-être encore plus que le nôtre. Comment celui qui après avoir créé Julie, lui donna pour sœur une Sophie, n'auroit il pas pour lui toutes les femmes? Sophie eft la femme de la Nature, perfectionnée par une fage inftitution domeftique : c'eft le modèle qu'il faut fuivre, lors même qu'on n'efpère pas de l'atteindre ; c'eft la réponfe irréplicable à tout philofophe qui voudroit que les femmes fuffent hommes, & qui ne voit pas dans les différences fexuelles la fource de toutes les différences fociales entre les fexes.

Si l'ouvrage entier eft un chef - d'œuvre, on peut dire qu'il y a dans le cinquième livre un charme de ftyle, une abondance de fentimens & d'images, peut-être fupérieurs à tout le refte. Je fais que le fujet, ami du cœur & de l'imagination, fuffifoit pour infpirer un écrivain auffi fenfible ; que fi Pygmalion devint amoureux de fa Galathée, Rouffeau ne pouvoit former Sophie, la voir s'élever, s'embellir chaque jour entre fes mains, fans en être épris, & fans communiquer à fon ftyle l'empreinte dés émotions de fon ame; mais il eft encore une autre fource du coloris répandu fur cette intéreffante partie du tableau. Vous connoiffez dans le parc du Château de Montmorency, ce joli bâtiment qu'on nomme le petit Château, conftruit dans l'origine par le

célèbre le Brun, & qui, entouré de bofquets,
& de pièces d'eau, paroît une ifle enchantée,
ou reffemble à *l'Ifola bella*, la plus jolie des
trois ifles Borromée dans le Lac majeur (3). C'eft-
là que pendant tout un été, M. & Madame de
Luxembourg donnèrent un appartement à Rouffeau : » c'eft, dit-il, dans cette profonde & dé-

---

(3) Telle eft en raccourci l'idée que Rouffeau nous
donne de ce lieu charmant ; tel en effet il dut être
alors. Je l'ai revu l'été dernier. Le bâtiment, qui eft du
meilleur goût, n'eft point dégradé, quoiqu'inha-
bité depuis long-temps : mais les eaux font ou taries
ou ftagnantes ; les baffins & les grottes en ruines,
fouillés de ronces & de brouffailles, ainfi que les allées
& les gazons. Les arbres vieillis, & courbés à leur
fommet, y portent prefque tous cette couronne que leur
donne le Temps pour figne de deftruction. Mais au travers
de ce délabrement général, il eft aifé de voir ce
que ce lieu devoit être, il y a trente ans. Ce défordre
ajoute même encore aux impreffions profondes, mélancoliques, & prefque religieufes, dont on s'y fent
pénétré. Graces foient rendues aux deux femmes aimables & fenfibles avec qui je fis ce pélerinage ; qui ne
s'extafièrent point, qui ne firent point de belles phrafes,
& me permirent de n'en point faire ; mais dont je
vis les yeux humides comme les miens, lorfque je re-
vins à elles après une longue rêverie, pendant laquelle
je m'apperçus alors qu'elles avoient, chacune à part
& en filence, rêvé toutes deux comme moi !

E 2

» licieuse solitude, qu'au milieu des bois & des
» eaux, aux concerts des oiseaux de toute espèce, au
» parfum de la fleur d'orange, je composai, dans
» une continuelle extase, le cinquième livre
» d'Emile, dont je dus en grande partie le co-
» loris assez frais à la vive impression du local
» où je l'écrivois. »

Et c'est en sortant de cette extase du génie,
enflammé par le spectacle de la Nature, & par
l'amour de l'humanité, que l'auteur d'Emile,
persécuté, proscrit, fugitif..... Voilà sans
doute une de ces circonstances imprévues où
l'homme, n'ayant le temps ni de se préparer
ni de feindre, se laisse voir tel qu'il est; une
de ces épreuves, où la Philosophie & la Sagesse
mêmes seroient excusables de succomber. Nous
verrons dans ma lettre suivante comment
Jean-Jacques en est sorti, & les conséquences
qu'on peut tirer de l'état de son ame dans cette
occasion difficile. Nous y verrons encore beaucoup d'autres choses si vous ne vous lassez pas
de me suivre dans ces détails, plus que moi
de vous les écrire. Que voulez-vous, Madame?
ce sujet fécond s'est étendu malgré moi sous ma
plume; & je la quitterai sans doute avec le
chagrin d'avoir à dire beaucoup plus que je n'aurai dit.

LETTRE IV. (1)

Tout ce qui regarde, Madame, la publication d'Emile, & la cataſtrophe qui la ſuivit eſt un des endroits les plus curieux des *Confeſſions*. On y voit quelles peines Jean - Jacques s'étoit données, quels efforts de mémoire & de combinaiſon il avoit faits, pour s'expliquer à lui-même par quelle biſarrerie cruelle ce qu'il regardoit avec raiſon comme le plus beau préſent qu'il eût fait aux hommes, lui avoit mérité de leur part une telle récompenſe.

C'eſt-là que commence à s'ourdir autour de lui cette trame inviſible dont il ſe crut toujours enlacé dans la ſuite, & dont il s'exagéra plutôt la force que l'exiſtence. C'eſt Madame de Luxembourg qui l'engage à publier ſon livre en France, lorſqu'il croyoit même imprudent d'y demander une permiſſion tacite. C'eſt le Magiſtrat reſpectable qui régiſſoit alors la librairie,

____

(1) J'ai rejetté à la fin de cette lettre pluſieurs notes qui, par leur étendue, auroient embarraſſé l'Imprimeur, & déplu même au lecteur en ſurchargeant le texte. Elles y ſeront indiquées par les chiffres romains, I, II, III, &c.

c'eſt M. de Malesherbes qui lui écrit de ſa main que la Profeſſion de foi du Vicaire auroit non-ſeulement l'approbation générale , *mais celle de la Cour, dans la circonſtance.* C'eſt encore Madame de Luxembourg qui ſe charge du manuſcrit , du traité avec le libraire Duchefne , & qui remet à Rouſſeau ce traité, copié double par le ſecrétaire du Magiſtrat. Il avoit expreſſément ſpécifié que l'édition ſe feroit en Hollande ; il s'apperçoit bientôt , & lorſqu'il n'eſt plus maître de ſon manuſcrit, qu'on en fait une autre à Paris en même temps , mais avec l'approbation & ſous les yeux du Chef de la Librairie. Six mois ſe paſſent en eſſais de papier , de format , de caratères , en envois & renvois de feuilles ; tout chemine lentement , mais , ce ſemble , avec ſécurité. Duclos lui ſeul , l'honnête & véridique Duclos, lorſqu'il entend pour la première fois lire la Profeſſion du Vicaire , ne peut s'empêcher de dire à Jean-Jacques : ,, quoi , Citoyen ! cela ,, fait partie d'un livre qu'on imprime à Paris ! ... ,, faites moi le plaiſir de ne dire à perſonne que ,, vous m'ayez lu ce morceau ,,.

Cependant l'impreſſion d'Emile eſt tout-à-fait ſuſpendue. Rouſſeau s'inquiète. Il apprend qu'un Jéſuite a parlé de ſon livre , en a cité des paſſages. Guérin , l'agent de ſon libraire de Hollande , eſt ami des Jéſuites : l'abbé de Grave, chargé par M. de Malesherbes d'inſpecter cette édition, est encore ami des Jésuites : voilà son imagination qui s'échauffe & qui, ne voyant que Jésuites, bâtit là-dessus un roman d'inquiétudes. M. de Malesherbes & Madame de Luxembourg parviennent à lui remettre la tête, à ranimer sa confiance ; & l'impression reprend son cours. On exige des cartons pour les deux premiers volumes ; &, chose étrange! les deux derniers n'éprouvent aucun obstacle. Emile paroît enfin: il réussit, mais sans éclat : aucun des amis de l'Auteur n'ose le louer hautement. L'un lui écrit sans signer sa lettre, quoiqu'il fût dans l'usage de signer toujours : l'autre le prie sans façon de lui renvoyer son billet. Un conseiller, après avoir lu l'ouvrage, dit qu'il en sera parlé dans peu, plus qu'il ne seroit à désirer pour l'auteur. Rousseau se croyant assuré du crédit de Madame de Luxembourg & de la faveur du ministère, se tient tranquille, & ne craint rien.

On ne le laisse pas long-temps dans cet état. La rumeur, la fermentation augmentent. M. de Luxembourg lui fait entendre qu'il a eu tort de désigner M. de Choiseul, quoique ce fût en bien, dans le *Contrat social*, qui venoit aussi de paroître. Madame de Boufflers veut qu'il parte, & lui propose déja l'Angleterre & M. Hume. On lui parle du Parlement, d'un Décret, de la Bastille : il tient bon encore. Mais

un billet du prince de Conti lui eſt en-
voyé, la nuit, par Madame de Luxembourg : il
faut partir : à ſept heures du matin le décret de priſe de corps ſera prononcé contre lui :
on l'enverra ſaiſir ſur le champ ; mais le Prince
a obtenu qu'on ne le pourſuive pas s'il s'éloigne...
Reliſez bien tous les détails de cette ſcène noc-
turne : d'après la manière dont on s'y prit, d'après
quelques circonſtances des adieux & du départ, il
vous paroîtra comme à moi que Rouſſeau ne s'eſt
point trompé ſur cette affaire : il vous paroîtra vrai-
ſemblable qu'on ne voulut que l'effrayer, & le
forcer à s'enfuir, & qu'il eût fort décontenancé
toute la cabale parlementaire, fanatique & mi-
niſtérielle s'il eût fait tête à l'orage. Mais en
reſtant, il falloit ou mentir, ce qu'il fit quelquefois par ſurpriſe, par foibleſſe, jamais de
deſſein prémédité ; ou compromettre des perſonnes que, malgré leur abandon, & peut-être
pis, il continuoit de reſpecter. (2)

---

(2) Voyez dans le dixième & le onzième livre des
Confeſſions, toute l'hiſtoire de la publication d'E-
mile, & le commencement d'une lettre à M. de Malesherbes, dans le dernier recueil publié par M. du
Peyrou.

Il partit feul , pauvre , fouffrant , traité comme un criminel pour avoir élevé fa voix éloquente en faveur de l'humanité , de la raifon , de la vertu. De quels amers reffentimens auroit pu s'occuper à fa place , je ne dis pas un méchant , un fcélérat , comme fes ennemis ont ofé le nommer , mais le plus doux & le moins haineux peut-être de ceux qui le nommèrent ainfi ? Quant à lui , ce n'eft point-là du tout ce dont il s'occupe. La veille au foir , avant de s'endormir , il avoit , felon fa coutume , lu quelques morceaux de la Bible. Il avoit relu tout entier le chapitre des Juges qui contient l'horrible aventure du Lévite d'Ephraïm. Le fouvenir de cette lecture & celui des Idylles de *Gefner* , qui paroiffoient depuis peu de temps , fe mêlent & fe confondent dans fon efprit , fi bien qu'infenfiblement il fe met à compofer , dans fa voiture , un poëme en profe fur cette épouvantable hiftoire. Il en fait trois chants en trois jours ; & la douceur pénétrante du ftyle , les peintures naïves , l'antique fimplicité qui règnent dans cet opufcule , & qui contraftent également avec l'horreur du fujet & avec la cruauté de fa pofition , prouvent mieux que tout ce qu'on pourroit dire combien il étoit incapable de reffentiment & de haine.

Ce trait prouve encore une vérité bien confolante ; c'eſt qu'il eſt moins facile aux gēns haineux , aux méchans & aux perſécuteurs qu'ils ne ſemblent le croire, de rendre malheureux un innocent, un honnête homme, & ſur-tout un homme de génie. Le triomphe des ennemis de Jean-Jacques n'étoit pas ici ſans trouble. La célébrité de leur victime, & la connoiſſance de ſes forces , qui , ſi elles ſe tournoient une fois contre eux , pouvoient les écraſer ſans retour , devoient altérer leur joie. Ils étoient loin de penſer que , tranquille dans ſa fuite , & tout entier à d'intéreſſantes fictions , loin de ſe tourmenter d'eux, il n'y ſongeoit même pas , & qu'avant d'être arrivé au lieu de ſon exil, il en avoit totalement oublié les auteurs. Ainſi en le perſécutant , en le réduiſant, en apparence , à l'état le plus déplorable, ils lui préparoient des jouiſſances & d'attendriſſans ſouvenirs : ils lui fourniſſoient l'occaſion de dire un jour (3) : » le » Lévite d'Ephraïm , s'il n'eſt pas le meilleur de » mes ouvrages, en ſera toujours le plus chéri. » Jamais je ne l'ai relu, jamais je ne le relirai, » ſans ſentir en dedans l'applaudiſſement d'un » cœur ſans fiel , qui loin de s'aigrir par ſes » malheurs , s'en conſole avec lui - même, &

____

(3) *Confeſſions* , Livre XI.

» trouve en foi de quoi s'en dédommager. «

Combien il dut fentir encore cet applaudif-
fement intérieur, la plus douce récompenfe de
la vertu, lorfque trois ans après, harraffé par
les prêtres, & lapidé par la populace, il eut quitté
Motiers - Travers pour la petite ifle St. Pierre!
Là, tandis qu'en France, en Hollande, à Berne,
à Genève, à Neufchâtel, on brûloit fes livres,
on calomnioit fa perfonne; que les pamphlets,
& les journaux s'acharnoient à le déchirer; que
l'Europe retentiffoit d'un concert d'anathêmes &
d'injures vomis contre lui, livré à des goûts
nonchalans & paifibles, il oublioit fes ennemis,
& le mal qu'ils lui avoient fait, & celui qu'ils
pouvoient lui faire encore; il s'épargnoit du
moins le plus cruel de tous, celui de haïr.
Des herborifations folitaires, de charmantes promenades, ou le plaifir d'errer en bateau fur un
beau lac, fans but, fans guide, & d'y rêver
couché, les bras croifés fur fa poitrine, en regardant le ciel; ou celui de fonder avec pompe
une colonie de lapins; ou des détails de foins
ruftiques & des occupations champêtres remplif-
foient délicieufement fes journées.

En lifant fa correfpondance, voyez-le dans
tous fes déplacemens, même après fon départ
d'Angleterre, à Trie, à Bourgoin, à Monquin; toujours chaffé par quelque perfécution

nouvelle, toujours s'exagérant, dans le moment,
la rage & les intelligences de fes perfécuteurs,
toujours cependant il les oublie, & ne fe livre
plus qu'à l'indolence de fon caractère, à la fimplicité de fes goûts, dès que parvenu dans un
nouvel afyle, il croit pouvoir y refpirer en paix.

Pendant l'hiver, au château de Trie, ne
pouvant plus trouver dans la Botanique les
douces diftractions dont fon ame a befoin, que
voudroit-il pour y fuppléer ? « Des fpectacles
où il pût être feul dans un coin, & pleurer
à fon aife; de la mufique qui pût ranimer un
peu fon cœur affaiffé, voilà ce qu'il lui faudroit
pour effacer toutes les idées antérieures, & le
ramener uniquement à fes plantes qui l'ont
quitté pour trop long-temps (4) ».

Que fait-il à Bourgoin, à Monquin, même
après la fcène indécente de ce Thévenin apofté
pour le traduire en juftice, & lui foutenir qu'il
lui avoit donné l'aumône (5) ? Il oublie encore;

---

(4) Lettre à M. le Marquis de Mirabeau. Janvier 1768.

(5) Voyez fur cette fcène bifarre, & dont on peut
tirer plus d'une conféquence, quelques lettres de la
même année, fur tout dans le nouveau recueil publié
par M. du Peyrou.

Il herborife, il augmente fon herbier, il joue aux échecs ; & quand ils lui ont donné la migraine, quand il s'y joint quelques accès de fièvre, & que fes plantes même ne l'amufent plus, il ne fait alors pour fe diftraire que chanter des ftrophes du Taffe. « Il eft étonnant, dit-il (6),
» quel charme je trouve dans ce chant avec
» ma pauvre voix caffée & déja tremblante.
» Je me mis hier tout en larmes, fans prefque
» m'en appercevoir, en chantant l'hiftoire d'O-
» linde & de Sophronie. Si j'avois une pauvre
» petite épinette, pour foutenir un peu ma voix
» foibliffante, je chanterois du matin jufqu'au
» foir ».

Dans fon dernier fejour à Paris, lorfqu'il n'étoit pas agité de quelques nouvelles terreurs, quoi de plus paifible & de plus fimple que fes occupations & fes amufemens ? N'y eût-il que la conftance de fon goût pour la Botanique, cette fcience des ames fimples, & pour la Mufique, cet art favori des cœurs fenfibles, c'en feroit affez pour juger que dans fa vieilleffe, après tout ce qu'on lui avoit fait fouffrir, il étoit encore le fimple & fenfible Jean-

______

(6) Lettre à M. Lalliaud. Novembre 1768.

Jacques des Charmettes & de l'Hermitage:
(*Voyez la note* I. *à la fin de cette Lettre*).

Et tant de preuves convaincantes d'une inal-
térable bonté ne défarmeroient pas encore l'a-
veugle & implacable malveillance ? Et Jean-Jacques étoit un méchant ! Et les bonnes gens,
les honnêtes gens étoient fans doute ceux qui
avoient fait chaffer de France le Philcfophe à
qui la France doit en plus grande partie fa liberté : les honnêtes gens étoient ceux qui l'avoient
fait exclure de Genève fa patrie ; qui l'avoient
affiégé dans un afyle où toute la protection de
Frédéric le Grand ne put le défendre ; qui re-
léguèrent dans une miférable petite Isle , celui
dont les écrits brûlans rappelloient toute l'Europe aux fentimens naturels , & aux vertus fociales ; qui l'en arrachèrent , qui le poufsèrent
en Angleterre , & l'y pourfuivirent ; ceux qui
dans fa vieilleffe, ne le laiffant refpirer nulle part,
aliénèrent enfin fa raifon; & qui , après avoir précipité ce beau génie dans la démence du malheur , eurent encore la barbarie de lui en faire
un reproche.

Pour cette fois , Madame , il n'y a plus
moyen de m'en dédire ; ce n'eft plus hypothé-
quement que je vous parle de la haine & des
perfécutions de ceux que l'infortuné Rouffeau
appella fes ennemis & fes perfécuteurs. Sans doute

vers la fin de fa vie, il généralifa trop leurs menées fourdes, leurs complots, les effets de leurs calomnies fur l'opinion publique, & ce qu'il regardoit comme la ligue d'une génération entière. Mais fans nous enfoncer ici dans la fange de cette intrigue ténébreufe, faififfons feulement les principaux traits de ce qui en paroiffoit à la lumière, même avant les *Confeffions* ; & voyons s'il n'y en a pas affez pour nous éclairer fur tout le refte.

Je laiffe à part ce qu'il nomme la Puiffance qui fut tantôt la caufe, tantôt l'inftrument de tous fes malheurs ; qu'on ne ceffa de mettre en mouvement pour le perdre, fans laquelle il lui paroît impoffible d'expliquer l'arrêt du Parlement, & tout ce qu'on fit pour l'effrayer, le décider, le contraindre à partir, & l'abandon de ceux qui, l'engageant à publier Emile en France, l'avoient jetté dans ce mauvais pas, & le décret illégalement prononcé à Genève, neuf jours après celui de Paris, & la plus grande part de ce qu'il eut à fouffrir dans la fuite, par-tout où il porta fa deftinée errante. La *puiffance* eft évanouie ; fes œuvres ont difparu avec elle ; & le nom de ceux qui en furent revêtus, eft livré maintenant à la haine, au mépris ou à l'oubli.

Mais, parmi les noms les plus célèbres, il s'en trouve malheureufement un qu'on vou-

droit en vain pouvoir paſſer ſous ſilence, en parlant des ennemis de Jean-Jacques : ſes inimitiés
ont eu trop d'éclat pour qu'on en puiſſe effacer
le ſouvenir. Les voix de la Renommée, par-
tagées entre les deux plus grands hommes de
ce ſiècle, ont trop publié leurs diviſions ; &
s'il eſt douloureux pour un ami des lettres que
Voltaire & Rouſſeau ſe ſoient haïs, il eſt du
devoir d'un ami de la vérité de rechercher &
de dire qu'elles furent les hoſtilités réciproques,
& ſur-tout de quel côté furent les premiers
torts.

J'ai fait cette recherche ; je l'ai faite avec
une attention ſuivie, avec une ſcrupuleuſe impar-
tialité. J'ai vu dans Rouſſeau, dès ſa jeuneſſe,
une profonde admiration pour Voltaire : je l'ai
vu, dès qu'il commence à écrire, empreſſé
de lui rendre hommage l'appeller ſon maître,
le louer avec ſentiment, avec fineſſe : j'ai
vu dans les réponſes de Voltaire un ton leſte
& ironique qui ne promettoit rien de bon pour
la ſuite de la correſpondance. Bientôt Rouſſeau
ſe ſent aſſez fort pour contredire Voltaire ſur
quelques points importants de philoſophie
morale ; il le fait avec la politeſſe la plus
attentive, avec un mêlange d'éloges ſincères &
délicats : un petit billet où il n'eſt pas dit un

mot

mot de la queftion , eft toute la réponfe qu'il reçoit. Sa réputation s'accroît , & l'éloignement de Voltaire avec elle. Des rapports , dictés par un faux zèle, ou par de plus coupables motifs, commencent à irriter ces deux efprits ardens & inflammables. Ils fe regardent mutuellement , & fe mefurent, pour ainfi dire, l'un du fein de fes richeffes & de fa fuprématie littéraire , l'autre du haut de fon indépendance & de fa vertu. Dans une explication que Rouffeau croit devoir à Voltaire , il ajoute franchement qu'il ne l'aime pas , & il lui en dit les raifons ; mais il y joint des chofes flatteufes, auxquelles la circonftance ne donne que plus de valeur. C'eft fur cette fingulière déclaration de haine que la mémoire de Voltaire le fervit fi mal dans la fuite, lorfqu'il crut fe rappeller qu'elle étoit une réponfe à l'offre d'un afyle & à des témoignages d'amitié. (*Note.* II.)

Les malheurs de Rouffeau commencent : les fentimens connus de Voltaire à fon égard , fes liaifons non moins connues avec les ennemis de Rouffeau , à Paris, à Genève , en Angleterre; ce qu'il dit, ce qu'il écrit, ce qu'on rapporte de lui au malheureux & fugitif Auteur d'Emile , lui font voir dans Voltaire un ennemi violent & irréconciliable. A cette époque, il paroît y avoir eu dans les torts mutuels quelque réciprocité ; mais elle n'eſt qu'apparente , & même elle ceſſe bientôt de l'être. Suivez, Madame, ſuivez dans les *Lettres* & les *Confeſſions* de Rouſſeau , & dans les Œuvres de Voltaire tout le fil de leurs procédés : malgré votre prédi-lection pour Jean-Jacques, vous gémirez de lui trouver tant d'avantages ; vous gémirez de ne rien voir, pas même dans les *Lettres de la Montagne* , (*note* IiI) qui puiſſe excuſer à vos yeux ce qu'ont d'odieux & de coupable le poëme in-décent de *la Guerre de Genève* ; & puiſqu'il faut trancher le mot, l'exécrable libelle qui parut ſous le titre de *ſentimens des Citoyens* , & que les Citoyens mêmes les plus oppoſés à Rouſſeau s'empreſsèrent de déſavouer avec hor-reur. (*Note* IV.)

Depuis lors, Voltaire n'entendit plus raiſon ſur le compte de Jean-Jacques. Ses ouvrages, ſa correſpondance , ſa proſe & ſes vers ne par-lent plus de lui que comme d'un fou, d'un cuiſtre, d'un quidam, d'un croquant, &c. &c. Il faut le plaindre : il faut déplorer ces foibleſſes & cette iraſcibilité du génie. Il ne faut pas oublier que cette même chaleur, cette même éfferveſcence de ſang l'arma & le ſoutint pendant quarante années contre le fanatiſme qu'il a détruit; le rendit l'infatigable défenſeur des Calas , de Sirven , de tous les opprimés ; & que s'il fut inſatiable

de vengeance, il le fut auffi de bienfaifance &
d'humanité.

Si j'entrois dans les mêmes détails fur tous
les détracteurs de Rouffeau, fur tous fes ennemis plus ou moins célèbres, je remplirois
une tâche devenue facile, aujourd'hui que tout eft
connu, mais beaucoup trop longue pour votre
patience & pour ma pareffe. Car enfin l'on ne
peut plus dire, comme on l'a fait fi long-temps,
que tous fes maux étoient dans fon imagination ;
que fes malheurs, fa pauvreté, fes maladies,
fes ennemis, tout cela étoit imaginaire.

Sans répéter ici le nom de celui qui vit encore,
qui n'eft devenu fameux que par les accufations
de Rouffeau, & dont il m'a fuffi de vous dire,
dans ma première lettre, qu'on a jufqu'ici vainement attendu fes réponfes ; ne fut-il pas fon
ennemi, l'Hiftorien, le Philofophe Hume, qui put
d'abord paroître foupçonné trop légèrement,
mais dans un moment où la défiance étoit bien
pardonnable à une ame que des perfécutions
inattendues avoient jetée hors de fon affiette ;
lui, qui loin de chercher à diffiper le nuage,
parut fe plaire à le groffir, & le força d'é-
clater ; lui qui fe rendit au moins fufpect par
fes liaifons intimes avec les Auteurs d'une
lettre injurieufe dont furent fouillés les papiers

d'une Nation libre & hospitalière, & par son silence sur d'autres outrages publics, faits à celui dont il se disoit le patron & l'ami ; lui enfin qui se donna, comme les esprits impartiaux l'ont dès-longtemps jugé, tout le tort dans cette affaire, en la publiant le premier, & soulevant toute l'Europe contre un infortuné qu'il falloit plaindre (8) ?

Ne fut-il pas son ennemi, le Philosophe d'Alembert, qui dissimula toujours sa haine pendant la vie de Jean-Jacques, mais qui en rendit vraisemblable tout l'excès & toute la noirceur, par cette fausse accusation d'ingratitude envers Milord Maréchal, accusation aussi gratuite que calomnieuse, (*note* V) intentée publiquement contre Rousseau dans cette même Académie, où on l'entendra publiquement réfuter, si l'Orateur Lauréat ose seulement être l'historien de celui dont on y attend l'éloge (9).

----

(8) Lisez sans partialité tout ce qui regarde cette querelle dans le quatrième volume du supplément aux œuvres de Rousseau.

(9) Le prix a été remis ; je le crois bien : il le sera long-temps, ou le panégyriste sacrifiera aux considérations locales la justice & la vérité.

Ne fut-il pas son ennemi, le Philosophe Diderot, qu'on a vu se démasquer de même par des injures grossières contre la mémoire de celui qui l'aima tendrement, qui le consola dans sa captivité ; de celui qui dans ces *Confessions* redoutables, source de tant de craintes, & prétexte de tant de haines, ne le taxa jamais que de légèreté, d'indiscrétion, & d'une facilité qui le livroit à des impressions étrangères ; de celui qui croyant avoir à s'en plaindre, lui écrivit des lettres auxquelles nul homme n'a dû fermer son cœur, si ce cœur ne fut celui d'un tigre ? (*note* VI).

Je sa's tout ce que doit notre siècle aux deux premiers éditeurs de l'Encyclopédie. Je respecte leur courage, leurs connoissances & leurs talens littéraires ; je ne discute point les motifs de leur haine contre Rousseau ; mais je dis que leur déchaînement aussi-tôt après sa mort, prouve combien cette haine étoit violente, combien elle avoit eu de peine à se contraindre, & permet de penser qu'elle étoit en secret depuis long-temps aussi active qu'implacable.

Ne fut-il pas enfin pour lui, sinon un ennemi haineux & vindicatif, au moins un ami d'une espèce bien particulière, ce bon & honnête M. d'Holbach.....? Mais celui-ci, ce n'est pas d'après les *Confessions* que je le juge ; c'est d'après une lettre écrite pour fa défenfe , par un Auteur dont j'eſtime également les talens & la perfonne (10). J'y trouve préciſément la preuve de tout ce que Rouſſeau lui reproche. (*Note* VII.) Je ſuis fort tolérant en amitié ; mais ſi un homme qui ſe prétendroit mon ami , & qui par ſa fortune ſupérieure à la mienne , ſeroit obligé à plus d'égards , ſe permettroit de me perſifler ; s'il ne trouvoit pas bon que je fuſſe *commun* & calme , quand il me plaîroit de l'être ; s'il me contrarioit ſans ceſſe pour me rendre *ſublime* , ſuppoſé que je puſſe le devenir , comme on fouette un ſinge pour le faire paſſer dans un cercle ; ſi la muſique que je compoſe , il oſoit me ſoupçonner de l'avoir pillée ; s'il vouloit *véri-fier* , s'il me tendoit des piéges , qu'il croiroit excuſer en les nommant des *épreuves* ; ſi j'a-vois placé mon bonheur dans l'attachement d'une fille ſimple , douce & aimable pour moi , c'eſt-à-dire , qui me parût telle , mais qui auroit aux yeux du monde le tort de n'être pas une Dame du grand ton , & de n'avoir pas un mari à avilir ou à tromper ; ſi après quelques re-préſentations que l'amitié peut permettre , mon

---

(10) M. Cérutti , ſupplément au Journal de Paris , 2 décembre 1789.

ami prétendu revenoit obſtinément à la charge ; s'il me tourmentoit ſans relâche par une *conſpiration* contre ma *Thérèſe*, avec un autre ſoi diſant ami à qui j'aurois bien pardonné ſa *Nanette*..... Je ne pourrois, je le ſens, ſupporter une conduite ſi contraire à l'amitié ; je me croirois en droit de ſoupçonner à mon tour celui qui m'auroit témoigné des défiances outrageantes ; & ſi ſes richeſſes le rendoient le centre d'une ſociété devenue ouvertement mon ennemie, je ne me croirois pas injuſte en le regardant au moins comme complice de tout ce qui s'y trameroit contre moi.

J'ai connu M. d'Holbach, & j'applaudis de bon cœur à tout ce que ſes amis publient d'honorable pour ſa mémoire ; mais avec ſa bonne & douce figure, on ne peut nier qu'il n'eût quelque penchant au perſiflage (11), quelque choſe de narquois dans le ſourire, & l'eſprit un peu goguenard. Tout ce que je peux vous dire, Madame, c'eſt que ſi tout le monde n'aime & n'admire pas également Rouſſeau, il n'eſt du moins pas ordinaire de l'entendre appeller un gueux, un drôle, un vil coquin, un infâme ſcélérat.

---

(11) C'eſt encore ce que prouve la lettre même de M. Cérutti.

Or une observation que j'ai faite, & dont vous tirerez la conséquence qu'il vous plaira, c'est que je n'ai connu presque personne de l'intime société de M. d'Holbach, qui n'employât, en parlant de Jean-Jacques, ces qualifications injurieuses, & que je ne les entendis jamais sortir de la bouche d'un homme à qui cette société fut étrangère.

Il en est ainsi, croyez-moi, de tous ses autres ennemis, à qui on l'accuse d'avoir injustement donné ce titre, & avec lesquels, aux soupçons près qu'il pouffa trop loin quelquefois, mais qu'ils justifièrent le plus souvent, il n'eut jamais de véritables torts. Ceux qu'ils eurent avec lui, & l'accord qui régnoit entr'eux pour le perdre, ne font plus un secret ; ce ne font point les *Confessions*, ce font eux-mêmes, & les explosions indiscrètes qu'ils n'ont pu retenir à sa mort, qui ont tout révélé. Expliquez-moi par quel mobile, si ce n'est par l'influence ministérielle, Genève s'éleva contre Rousseau, & lui ferma ses portes ? comment réfugié sur une terre prétendue libre, qu'il avoit baisée avec transport en y arrivant, il fut contraint d'en sortir, & chassé même de cette Isle solitaire & ignorée, où las des persécutions, de la gloire & des hommes, il vouloit finir fes jours ? Expliquez auffi comment un Miniftre qui avoit fur les bras toutes les affaires de l'Europe, pouvoit, s'il n'y étoit excité, s'occuper ainfi de celles de Jean-Jacques ?

Noubliez pas que l'infortuné fe réfugioit à Berlin auprès de Milord Maréchal, fon protec- teur ou plutôt fon ami, quand des invitations preffantes l'obligèrent à changer de projet & de route, à préférer l'Angleterre, à fe jetter dans les bras de M. Hume ; que les mêmes perfonnes qui l'y engagèrent, également amies d'Horace Walpole & de David Hume avoient voulu précé- demment le confier à ce Walpole; qu'à peine arri- voit il en Angleterre avec Hume, lorfque ce même Walpole dont on lui avoit tant vanté l'amitié, dont on l'avoit tant preffé d'accepter les offres, fit circuler, & rendit publique à Londres, une prétendue lettre du Roi de Pruffe à Rouffeau, également injurieufe à l'un & à l'autre, & qui, quoiqu'il s'en avouât l'Auteur, fentoit affez la fabrique françoife, pour rendre cet aveu fuf- pect.

N'oubliez pas que d'Alembert, intime ami de David Hume, & qui avoit été, s'il faut l'en croire, fix mois, depuis fon départ, fans re- cevoir de fes nouvelles, devint fon premier con- fident auffi-tôt que Jean-Jacques, effarouché des ténèbres qui l'environnoient & de la malignîté acharnée à le pourſuivre, lui eut écrit cette lettre que je ne prétends pas juſtifier dans tout ſes points, mais que M. Hume aima mieux publier que d'y répondre. N'oubliez pas enfin que ce fut d'Alembert, confident de cette querelle, qui lui en conſeilla la publicîté; qu'au lieu de le calmer, au lieu d'employer auprès d'un Phi-loſophe la raiſon & l'autorité Philoſophique, au lieu de l'engager à guérir par des explications ſi inſtamment, ſi ardemment demandées, un eſprit malade, un cœur qui ſe croyoit bleſſé, il provoqua, il facilita cette publicité ſcandaleuſe; qu'il fut enfin le rédaĉteur, l'éditeur & le prôneur de cet *expoſé ſuccinĉt*, qui, par un effet bien con-traire à ſes vues, ſuffit pour la juſtification, au moins relative, de celui qu'on dénonce, & pour la condamnation du dénonciateur.

Ce ſont-là des faits, & non des conjeĉtures; des faits connus, bien avant les *Confeſſions*, des faits qui expliquent tout le reſte, & aux-quels tout le reſte ſe raccorde. Qu'on ne mette donc plus en queſtion ſi Rouſſeau eut des enne-mis, ſi ce furent ceux qui feignoient toujours de le plaindre & même de l'aimer, s'il y eut entr'eux un complot, & ſi leur malheureuſe viĉtime eut d'autre tort que s'exagérer leur influence & leur force.

Peut-être allez-vous croire que moi, qui vous ai tant parlé de préventions, je me laiſſe aveugler par les miennes ; que trop frappé des maux qu'on a faits à Jean-Jacques, & de ſa patience à les ſouffrir, je ne vois point le mal qu'il a fait lui-même, ni ſes défauts, ni ſes vices ; & qu'enfin, malgré mes promeſſes, ce n'eſt point un examen que je fais, mais un panégyrique. Non, Madame, je ne me diſſimule rien de ce que je vois de répréhenſible en lui. Eh ! qui pourroit impunément être, comme il le fut pendant pluſieurs années de ſa jeuneſſe, errant, pauvre, avili, miſérable ? Ses aveux ont mis bon ordre à ce qu'on puiſſe là deſſus ſe faire quelque illuſion.

C'eſt de lui-même que j'apprends que malgré le peu de prix qu'il attachoit à l'argent, malgré un déſintéreſſement dont il y a peu d'exemples, il eut, depuis ſon enfance, une inclination au vol, qu'il ne pût jamais bien guérir : c'eſt de lui que je ſais qu'intrépide apôtre de la vérité, ſon champion infatigable, & même ſon martyr, il étoit enclin au menſonge ; ſa gourmandiſe dans une vie ſobre, ſa laſciveté avec des mœurs pures, c'eſt lui qui me les a fait connoître. Et ſans nous tenir à ces généralités qui ſe ſauvent par des contraſtes, croyez-vous que j'oublie l'innocente Marion fauſſement accufée de vol, mais trop vengée peut-être par tant de remords & d'infortunes ? Croyez-vous fur-tout que j'oublie le bon homme le Maître, abandonné à Lyon, au milieu d'une rue, pendant une attaque d'épilepfie, & délaiffé entre des mains étrangères *par le feul ami fur lequel il eût dû compter* ? Non fans doute ; & j'oublie tout auffi peu quelques autres fautes moins importantes, quelques habitudes vicieufes où je vois toujours l'effet de fes années d'abjection & d'erreurs.

Mais remarquez, je vous prie, que tous ces traits font antérieurs à ce qu'il nomme fa grande réforme. Malgré les premiers fruits de fa retraite aux Charmettes, il ne fut véritablement tout ce qu'il pouvoit être, que depuis cette effervefcence de génie & de vertu, allumée en lui par la queftion fur les fciences. C'eft-là que doit commencer pour nous l'exiftence de l'Auteur d'Emile ; & comme fon efprit & fon ame éprouvèrent les mêmes viciffitudes, & eurent les mêmes accroiffemens, lorfqu'on veut être jufte, on ne doit non plus lui reprocher tout ce qu'il fut auparavant en morale, que ce qu'il ne fut pas en talent & en art d'écrire.

Je fais que ce n'eft pas-là tout ce dont on l'accufe ; & rien n'eft en effet plus facile que de multiplier les accufations, quand on fe dif-

(93)

penſe de preuves. L'une des plus capitales de
ces accuſations eſt celle d'ingatitude. Rouſſeau,
dit-on, avoit naturellement & de ſon propre
aveu le cœur ingrat. Vous connoiſſez depuis
longtemps le paſſage d'une de ſes lettres dont
on a tant abuſé contre lui ; *voilà pourquoi*,
écrivoit-il à M. de Malsherbes, en lui parlant
de ſa pareſſe naturelle, de ſon averſion pour
toute gêne, & pour tout devoir incommode,
voilà pourquoi j'ai toujours tant redouté les bien-
faits : car tout bienfait exige reconnoiſſance ; &
je me ſens le cœur ingrat, par cela ſeul que
la reconnoiſſance eſt un devoir. Se tromper ſur
le ſens de ce paſſage, c'eſt aſſurément le faire
exprès ; mais comme il n'y a rien de ſi juſte
que de demander à un Auteur l'interprétation
de ſon propre texte, Rouſſeau vous dira lui-
même (12), « ce n'étoit pas après avoir reçu
» des bienfaits que je tenois ce diſcours, c'é-
» toit au contraire pour m'en défendre ; & cela
» eſt très-différent. Celui qui veut me ſervir à
» ſa mode & non pas à la mienne, cherche l'of-
» tentation du titre de bienfaiteur, & je vous
» avoue que rien au monde ne me touche

---

(12) Deuxième ſupplément aux œuvres de Rouſſeau,
vol. 4. Réponſes aux queſtions faites par M. Chauvel.

» moins que de pareils foins..... Voulez-vous
» me lier par des bienfaits ? Faites qu'ils foient
» de mon choix & non pas du vôtre ; & foyez
» sûr que vous ne trouverez de la vie un cœur
» plus vraiment reconnoiffant que le mien ».
Sans entrer dans plus de détails , fans rechercher comme il feroit facile , dans combien
d'occafions il fentit & témoigna de la reconnoiffance , parce qu'on l'avoit obligé felon fon
goût , jugez d'après la mefure qu'il vous donne ,
fes prétendus bienfaiteurs , vous verrez ce que
deviendront tous ces reproches d'ingratitude.

Je puis vous propofer encore une autre manière de décider la queftion. Rouffeau , quoi
que toujours pauvre , étoit fi naturellement porté
à la bienfaifance , que jamais il ne refufa ni
confolations ni fecours aux malheureux qui l'im-
plorèrent (13). C'eft le témoignage qu'on lui
rend par-tout où il a demeuré. Je ne puis parler
que de Montmorency & d'Erménonville ; mais

---

(13) Outre des aumônes confidérables , relativement
à fes moyens , qu'il répandoit fans ceffe autour de
lui , il faifoit fur fon revenu , qui n'étoit que de 1400 l.
une rente de 100 livres à une vieille tante qui l'a-
voit élevé ; & dans fes plus grandes détreffes , il
la paya toujours avec une exactitude religieufe.

dans ces deux endroits où j'ai interrogé beaucoup de gens fur fon compte, tous m'ont fait
la même réponfe. Or je foutiens qu'il eft fans
exemple qu'un homme foit en même temps bien-
faifant & ingrat.

Il étoit, dit-on encore, incapable d'amitié,
fe brouillant pour rien avec fes meilleurs amis,
exigeant, difficile à vivre, fait peut-être pour
éclairer les hommes par fes écrits, mais nulle-
ment pour commercer avec eux. Il étoit fait, ré-
pondrai je, pour une vie égale & douce, pour
commercer avec des hommes francs, fimples &
qui miffent plus de prix à la bonté du cœur qu'aux
brillantes qualités de l'efprit. Par-tout où il a
trouvé de ces hommes-là, il a vécu paifible-
ment, & d'égal à égal avec eux. Mais les fociétés bruyantes où il faut toujours que l'efprit foit fous les armes, où l'on affaffine les
gens de flagorneries pour qu'ils vous en acca-
blent à leur tour, où l'on ne permet pas à
un homme d'efprit de fe taire parmi tant de
fots qui parlent; tous ces beaux cercles, & tous
les hommes qui portent dans des fociétés moins
nombreufes, & même dans le tête à tête, les
prétentions & le caquet dont ils y ont pris l'habitude, devoient le trouver en effet chatouilleux & difficile à vivre.

C'étoit une singulière exigeance que la sienne , puisqu'il n'exigeoit rien de personne , sinon qu'on le laissât tranquille , & qu'on n'exigeât rien de lui ; mais ceux qui se disoient ses amis , étoient comme ce soldat suisse à qui , dans une bataille, un jeune officier demandoit la vie. » Demande- » moi tout autre chose , lui répondit-il , mais » pour celle-là , c'est impossible. » Et il lui coupa la tête. Que tous ceux avec qui se brouilla Rousseau s'interrogent eux-mêmes de bonne-foi , ils se reconnoîtront dans mon soldat suisse. Rousseau vouloit se taire ; on le forçoit de parler : il pensoit à la Botanique , on l'entretenoit de Philosophie; la Musique l'occupoit, on l'étourdissoit d'Education , de Religion , de Politique : il détestoit la louange à bout portant ; on l'en assommoit sans pudeur , sans retenue : il tâchoit d'oublier qu'il eût fait des livres ; on s'obstinoit à voir en lui non l'homme , mais l'auteur ; on lui déroboit impitoyablement son temps, son loisir , son silence , ses consolantes rêveries : tous en un mot vouloient qu'il vécut à leur fantaisie, & n'étoient d'accord que pour ne le pas laisser vivre à la sienne.

Quant à l'amitié , loin d'être incapable d'en ressentir , ne pourroit-on pas dire au contraire qu'il sembloit fait exprès pour elle ? N'étoit-ce

pas

pas dès son enfance, une véritable amitié que celle qui le lioit à son cousin Bernard, qui les rendoit inséparables, & qui le faisoit s'exposer de si bon cœur aux horions qu'il recevoit pour le défendre ? Son attachement pour le bon M. Gaime & pour le doux abbé Gâtier, qu'étoit-ce autre chose qu'une amitié tendre & docile ? N'aima-t-il pas ensuite aussi tendrement Claude Anet, quoiqu'il eût des raisons pour le voir avec jalousie ? N'eut-il pas depuis sa jeunesse des amitiés qu'il regarda toujours comme sacrées (14) ? Ne se fit-il pas à Lyon, à Paris, & dans l'ambassade de Venise, des amis qui le furent toute leur vie ? Ne comptons pour rien, si vous voulez, à l'exception de Duclos, tous les amis qu'il crut, avant ses malheurs, avoir parmi nos gens de lettres ; mais pendant son séjour en Suisse, après avoir quitté la France, n'est-ce pas la plus sainte & la plus tendre amitié, mêlée de reconnoissance & de respect, qu'il sentit pour Milord Maréchal, & dont il ne s'écarta jamais, lors même que ses ennemis lui eurent aliéné, sinon le cœur, au moins

____

(14) Pour M. de Conzié, & même pour Gauffecourt, quoique dans un voyage de Genève, il eût eu lieu de se plaindre de lui.

G

les préférences de ce vénérable, mais foible &
trop crédule ami ? Et MM. Moultou & du Peyrou, de quels liens leur fut-il uni, finon de
ceux d'une conftante & réciproque amitié ? Ah !
que ces deux illuftres amis, illuftrés par leur
amitié même, ont bien reçu le prix dû à leur
conftance, qu'ils ont dû fe féliciter en voyant
accomplir la prophétie que Rouffeau avoit faite
à l'un d'eux! « Quand vous verrez la vérité,
» écrivoit-il à M. Moultou (15), il ne fera pas
» pour cela temps de la dire : il faut attendre les
» *révolutions* qui lui feront favorables, & *qui*
» *viendront tôt ou tard.* C'eft alors que *le nom*
» *de mon ami,* dont il faut maintenant fe
» cacher, *honorera ceux qui t'auront porté,* &
» qui rempliront les devoirs qu'il leur impofe.
» Voilà ta tâche, ô Moultou ! Elle eft grande,
» elle eft belle, elle eft digne de toi ; & de-
» puis bien des années, mon cœur t'a choifi
» pour la remplir ». (*Note* VIII)

Sans parler de la juftefle de cette prédiction, n'eft-ce pas là, Madame, le plus
noble & le plus digne langage que puiffent
employer jamais la confiance & l'amitié ?
Voulez-vous voir maintenant ce qu'elles peu-

---

(15) Deuxième Supplément. Quatrième Volume.

vent avoir de plus franc & de plus aimable ?
Lifez ce paffage d'une lettre à Madame d'E-
pinay , paffage d'autant plus précieux qu'il contient la doctrine de Jean-Jacques en amitié ,
& qu'il prouve combien il y eut peu de fa
faute à ne pouvoir conferver fes amis. « Pre-
» mièrement je veux que mes amis foient mes
» amis , & non pas mes maîtres , qu'ils me
» confeillent & non pas qu'ils me gouvernent,
» je veux bien leur aliéner mon cœur , mais
» non pas ma liberté.... Leurs grands empref-
» femens à me rendre mille fervices dont je ne me
» foucie point , me font à charge. J'y trouve un
» certain air de fupériorité qui me déplaît; d'ail-
» leurs tout le monde en peut faire au-
» tant. J'aime mieux qu'ils m'aiment & fe
» laiffent aimer ; voilà ce que les amis feuls
» favent faire...... S'il furvient une querelle ,
» je dirois bien que c'eft à celui qui a tort
» de revenir le premier ; mais ce n'eft rien
» dire , car chacun croit toujours avoir raifon.
» Tort ou raifon , c'eft à celui qui a com-
» mencé la querelle à la finir. Si je reçois mal
» fa cenfure , fi je m'aigris fans fujet , fi je
» me mets en colère mal à propos, je ne veux
» point qu'il s'y mette à fon tour ; je veux qu'il
» me careffe bien , qu'il me baife bien , en-
» tendez-vous , Madame ? En un mot , qu'il

» commence par m'appaifer, ce qui ne fera
» pas long ; car il n'y a point d'incendie au
» fond de mon cœur, qu'une larme ne puiffe
» éteindre. Alors quand je ferai attendri, calmé,
» honteux, confus, qu'il me gourmande bien,
» qu'il me dife bien mon fait, & fûrement il
» fera content de moi ».

Une femme qui reçut une fois dans fa vie une déclaration pareille, eft-elle excufable de fe brouiller jamais avec un ami qu'il étoit fi facile de ramener ? eft-elle excufable de l'avoir hautement taxé d'ingratitude, parce qu'il n'avoit pas voulu la fuivre aux Eaux, lorfqu'il étoit fouffrant & malade lui-même ? eft-elle excufable enfin d'avoir fait graver fous fon bufte des vers auffi plats qu'injurieux, dans le jardin de ce petit *Hermitage*, qu'elle fut trop heureufe d'avoir à lui offrir, & d'où fes procédés peu délicats le contraignirent à fortir, au milieu de l'hyver le plus rude ? Le bufte de Rouffeau qui honore ce réduit champêtre, devoit-il avoir pour infcription des injures & des calomnies ? & n'eft-ce pas la profanation la plus coupable que d'élever des ftatues au Génie pour le diffamer fur le marbre d'une manière plus infultante & plus durable ? (*Note* IX.)

Mais il fut chatouilleux, fufceptible, foupçonneux ; & fi dans le commerce de la vie la fufceptibilité eft un défaut qui rend infociable, en amitié le foupçon eft un crime. Voilà de ces phrafes vagues & générales, avec lefquelles on fait des pages entières fans avoir rien dit. Jean-Jacques étoit naturellement fufceptible ; c'eft un malheur, mais ce n'eft pas un vice. Et comment être fenfible à l'excès, comment avoir l'imagination active & brûlante, les fens d'une ardeur & d'une délicateffe extrêmes, fans donner plus de prife, fans offrir plus de points de contact aux atteintes extérieures ? Les hommes froids & médiocres, jugeant d'après eux les grands hommes, veulent toujours les pefer à leur balance, & les mefurer à leur toife. Ils voudroient que de leur chétive Minerve à un efprit fin & délicat, de celui-ci à l'efprit fupérieur, & du plus grand de tous les efprits au Génie, plus grand lui feul que tous les efprits enfemble, il n'y eût dans les affections, dans les paffions, dans les défauts mêmes, ni gradation, ni nuance : mais la Nature en a décidé autrement. Elle a fait que la même délicateffe d'organes, la même fenfibilité de cœur, & la même exaltation de tête qui produifent des chef-d'œuvres, produififfent auffi toutes ces petites miferes dont triomphent les petits efprits. Elle a même fait quelquefois payer plus cher les heureux dons du génie. Elle alluma le feu d'une

G 3

colère implacable dans l'ame ardente du défen-
feur des Calas : elle attendrit affez le cœur de
l'auteur d'Iphigénie & de Phèdre, pour que la dé-
faveur d'un Roi, qu'il avoit la fimplicité d'aimer,
lui portât le coup de la mort ; enfin elle ou-
vrit dans l'imagination mélancolique de Pafcal
un gouffre où il fe croyoit toujours prêt d'être
englouti.... Eh bien ! le Soupçon fut le gouffre qu'elle creufa dans celle de l'auteur d'E-
mile.

Mais elle le lui tint fermé, couvert, & comme
en réferve jufqu'au moment qu'elle avoit marqué
en lui pour l'explofion du génie. Ce Jean-Jacques,
fi foupçonneux dans fes vingt dernières années,
fut, pendant les deux tiers de fa vie, le plus
confiant de tous les hommes : je dirai donc plutôt que la Nature avoit mis en lui le germe
du foupçon & de la méfiance, mais que ce
furent des hommes faux & traîtres, des amis
perfides, des perfécuteurs cachés, dont l'activité & le mouvement invifibles l'entraînoient
toujours malgré lui, & ne fe montroient que
par les effets, fans qu'il pût jamais voir ni la
main ni la caufe ; que ce fut cette ligue fou-
terraine dont il fe fentit environné qui creufa
& approfondit graduellement dans fon ame
cet abyme, qui ne fe referma plus dès qu'il fut
ouvert une fois.

Examinez les degrés progreſſifs , les divers accroiſſemens de ce malheureux penchant au ſoupçon , qui , parvenu enfin au dernier période , devint une triſte & affligeante folie ; vous reconnoîtrez que tout autre homme , ſans avoir ſon génie , mais auſſi ſenſible que lui , peut-être auroit fini de même. Dans les cauſes de ſa ſortie de l'Hermitage ; dans celles de ſes deux décrets preſque ſimultanés à Paris, & à Genève, & de ſa fuite après Emile ; dans celle de ſa lapidation à Motiers , de ſon expulſion de l'Iſle Saint-Pierre , de ſa brouillerie avec M. Hume , qu'on l'avoit tant preſſé de ſuivre , pour qui on lui avoit fait préférer l'Angleterre à la Pruſſe , & qui ſe trouve tout-à-coup être l'ami de tous ſes ennemis ; dans celle de toutes les petites perſécutions qui le tourmentèrent en Dauphiné , à Lyon , & ſouvent encore depuis ſon retour à Paris, diminuez tout ce qu'il vous plaira de l'étendue de ſes conjectures , il en reſtera toujours aſſez pour frapper & pour altérer une tête habituellement exaltée.

Hélas ! il la ſentoit quelquefois lui-même, cette altération cruelle. A peine échappé aux rudes épreuves qu'il venoit de ſubir en Angleterre, » Je commence à craindre , écrivoit-il à M. » d'Ivernois , après tant de malheurs réels ,

» d'en avoir quelquefois d'imaginaires qui
» peuvent agir sur mon cerveau. Ce que je
» sais bien certainement, c'est que quelque al-
» tération qui survienne à ma tête, mon cœur
» restera toujours le même ». Cette maladie
funeste ne fit plus qu'augmenter depuis, parce
que, au lieu d'y compâtir & de la ménager,
on se plut à lui fournir sans cesse de nouveaux alimens : en sorte que dans ses derniers
ans on put appliquer à l'infortuné Jean-Jacques cette expression de l'Ariofte : » de soup-
» çonneux qu'il étoit d'abord, il étoit devenu
» le Soupçon même. » (16)

Combien il faudroit le plaindre, ce cœur
aimant, cette ame profondément sensible, d'avoir
pu se méfier de tous les hommes, tandis qu'à
quelques ennemis près, obligés de cacher leur
haine, tous les cœurs lui étoient ouverts ; de
n'avoir vu qu'une ligue, une conspiration uni-
verselle dans une Nation qui déja lui rendoit
justice, & qui devoit être bientôt idolâtre &
vengerefse de sa gloire ! Combien il faudroit
le plaindre, quand même seul & isolé dans

---

(16) *Di sospettoso ch'era stato in prima,*
Hor divenuto era il Sospetto stesso.

le monde, flétri par de longues injustices, &
n'osant plus s'ouvrir à personne, il eût contracté dans une solitude absolue, cette méfiance
habituelle & ombrageuse qui finit par troubler
sa raison. Mais combien il faudroit le plaindre davantage, s'il eût trouvé dans une indigne
compagne, dans celle qu'il s'efforça d'élever
jusqu'à lui, l'infatigable instigatrice de ses ap-
préhensions, de ses angoisses, de ses conti-
nuelles terreurs ! (17)

Mille voix s'élèvent contre elle : faut-il les
croire ? Faut-il penser qu'une telle femme eût
si long-temps respiré le même air que Jean-
Jacques, possédé sa confiance, & paru la mériter en partageant ses infortunes ? Pourquoi
le suivit-elle dans son exil ? Pourquoi s'atta-
cha-t-elle à lui dans sa misère, dans ses in-
firmités, dans son délaissement ? Tant de noir-
ceur & de bassesse s'allieroit-il avec cette cons-
tance désintéressée & généreuse ? Quoi ! celle,
dont si souvent, dans ses *Confessions* & dans
ses *Lettres*, il vante la droiture, la simplicité,
la bonté de cœur, celle, qu'il nomma tant
de fois la seule consolation de sa vie, en eût
été le tourment & l'opprobre ! Non, je ne

____

(17) J'écrivois ceci en juillet 1790.

le puis croire : je ne puis croire des bruits vagues & incertains : j'en croirois à peine des preuves. Noircir de craintes & de foupçons une ame franche & confiante ; l'ifoler de tout l'univers, & ne lui montrer que des ennemis dans un peuple d'admirateurs, feroit déja un crime horrible. Mais on lui en impute un plus horrible encore... Jugez combien je répugne à en foupçonner une femme, une mère ! fon crime diminueroit ici le plus grave de ceux dont Rouf-feau s'eft accufé lui-même ; & cependant je ne puis me réfoudre à croire qu'elle en foit l'auteur. (*Note* X.)

Parmi les aveux que j'ai dû faire, & les fautes que l'équité me forçoit à reconnoître dans Jean-Jacques, il en eft une que je viens de toucher en-fin, & dont involontairement j'avois toujours dif-féré de parler. Maintenant prêt à finir, je me trouve par ma mal-adreffe obligé de terminer ces Lettres par ce qu'il y a de plus défavorable à celui qui en eft l'objet ; & de laiffer pour dernier trait dans votre efprit, le fouvenir d'une faute que tout homme fenfible aura peine à lui pardonner, de la feule peut-être que les femmes ne lui pardonnent pas. Quoique privé du bonheur d'être père, ce n'eft pas moi, Madame, qui ferai l'apologie d'un père qui a rejetté loin de lui fes enfans ; & ce n'eft pas à vous, bonne & tendre mère, que j'oferois adreſſer cette apologie. Cependant, même en blâmant une action blâmable, on ceſſeroit d'être juſte ſi l'on étoit exceſſif; & lorſqu'on n'eſt inſpiré par aucune animoſité particulière, on ne doit pas, comme la haine, fermer les yeux à ce qui peut atténuer ni une faute ni même un crime. Rouſſeau eut cinq enfans, qui tous, il n'eſt que trop vrai, furent mis aux Enfans-trouvés, mais non pas tous de la même manière. Les deux premiers le furent preſque ſans réflexion, par une ſuite des mauvaiſes maximes qu'il entendoit tous les jours répéter ſur cette matière, par des gens ſans principes & ſans mœurs, mais non pas ſans eſprit & ſans politeſſe. En faiſant comme eux, il crut faire comme tout le monde, en pareil cas, parce que, malgré leur inconduite, ils étoient ce qu'on appelloit dans ce temps-là des gens comme il faut, d'honnêtes gens. Qu'étoit-il alors lui-même ? Secrétaire, à 900 liv. d'appointemens, chez une femme bel-eſprit, qui, bien loin de deviner quel homme elle avoit à ſes gages, ne le trouvoit capable que d'écrire ſous ſa dictée, & de faire pour elle quelques recherches d'érudition ; bien éloigné de prévoir lui-même ce qu'il devoit être un jour ; ayant à peine de quoi vivre, lui, ſa Thérèſe, & la mère, & l'inſatiable famille. C'eſt dans cette poſition

qu'il faut le voir pour juger sainement sa faute.
Je ne l'excuse point ; je l'expose seulement telle
qu'elle est : mais vous voyez que l'on se trompe
& qu'on intervertit les dates, lorsqu'on dit que
l'Auteur d'Héloïse & d'Emile mit ses enfans
aux Enfans=trouvés.

Ses trois autres enfans, nés depuis sa réforme,
& dans un temps où l'élévation de sa morale ne lui permettoit plus la même indiffé-
rence, eurent pourtant le même sort ; mais
cette fois son erreur fut raisonnée. Je ne rap-
pellerai point ici ses motifs ; mais avant de
prononcer, il faut les lire. Il faut lire ce qu'il en
dit vers le commencement de son huitième livre, &
vers le milieu du neuvième, en parlant de la
famille *le Vasseur* ; & dans la neuvième Promenade de ses *Rêveries* ; & sur-tout dans une
lettre à Madame de Chenonceaux (17).

Malgré toutes ces raisons, si on le trouve encore
aussi coupable, je n'entreprendrai pas de le défendre ; mais je dirai que si c'est en lisant
Emile qu'on lui pardonne le moins son crime,
ce fut aussi en le composant qu'il en sentit

---

(17) Tome 5 du nouveau recueil publié par M. du
Peyrou.

plus vivement le remords : je citerai pour preuve
ce paſſage du douzième livre des *Confeſſions.*
« Le parti que j'avois pris à l'égard de mes
» enfans, quelque bien raiſonné qu'il m'eût
» paru, ne m'avoit pas laiſſé le cœur tran-
» quille. En méditant mon Traité de l'Educa-
» tion, je ſentis que j'avois négligé des de-
» voirs dont rien ne pouvoit me diſpenſer ;
» le remords enfin devint ſi vif, qu'il m'arracha
» preſque l'aveu public de ma faute au com-
» mencement de l'Emile, & le trait même
» eſt ſi clair, qu'après un tel paſſage, il eſt
» ſurprenant qu'on ait eu le courage de me
» le reprocher ».

Ce n'eſt pas le ſeul endroit où il témoigne
ſon repentir. « Mais moi, dit-il dans une
» lettre écrite dix ans après Emile, moi qui
» parle de famille & d'enfans..... Madame, plai-
» gnez ceux qu'un ſort de fer prive d'un pareil
» bonheur : plaignez les s'ils ne ſont que malheu-
» reux ; plaignez les beaucoup plus s'ils ſont
» coupables. Pour moi, jamais on ne me verra,
» prévaricateur de la vérité, plier, dans mes
» égaremens, mes maximes à ma conduite.
» Jamais on ne me verra falſifier les ſaintes
» loix de la Nature & du devoir pour exténuer
» mes fautes. J'aime mieux les expier que de
» les excuſer. Quand ma raiſon me dit que

» j'ai fait, dans ma ſituation, ce que j'ai dû
» faire, je l'en crois moins que mon cœur qui
» gémit & qui la dément ». En liſant ceci,
Madame, toute ame juſte & humaine ne doit-
elle pas, je ne dirai point pardonner le crime,
mais plaindre du moins le criminel, en le con-
damnant ? Sera-ce pour le ſeul Jean-Jacques
que l'on méconnoîtra la vérité de ce beau vers ?

Dieu fit du repentir la vertu des mortels.

Pour moi, ſi je peignois Rouſſeau cité pour
cette faute au tribunal de la Nature, je la re-
préſenterois ſe voilant de douleur au récit de
cette infraction de ſes loix les plus ſaintes ;
mais l'accuſé baigné de larmes feroit parler ſon
repentir, & montreroit d'une main une foule
innombrable d'hommes & de femmes, ramenés
par ſon éloquence au culte de la Nature, &
à l'amour de ces mêmes loix qu'il eut le malheur d'oublier : la Déeſſe relèveroit doucement
ſon voile, & laiſſeroit briller dans ſes regards
quelque eſpérance de pardon.

FIN DES LETTRES.

NOTES.

I. Son ardeur pour l'étude des plantes le conduisoit souvent au Jardin du Roi. MM. Thouin & de Juſſieu furent quelque temps ſeuls dans ſa confidence ; mais le public y fut bientôt auſſi ; on ſe le montroit, on l'entouroit, on le ſuivoit comme l'animal de la foire. Il ceſſa d'y revenir, & fut ainſi privé du plus grand plaiſir qu'il pût goûter. Les badauds qui l'avoient chaſſé, le trouvèrent ſans doute très-ſauvage & très-mal appris d'ôter cet amuſement à leurs yeux oiſifs & ſtupides. M. de Juſſieu ſe faiſoit, comme on peut le penſer, une fête de le conduire à ſes herboriſations dans la campagne. Rouſſeau, malgré ſon âge, y étoit auſſi actif, auſſi gai, auſſi enfant que les plus jeunes élèves. Un ſoir, après avoir herboriſé ſur les hauteurs de Meudon, toute la troupe revenoit par la Galiotte de Saint-Cloud. Lorſque chacun fut aſſis, un petit preſtolet ſe lève, adreſſe tout haut la parole à Jean-Jacques, l'interpelle ſur ſes principes, ſur ſa doctrine ; & ſans attendre ſa réponſe, qu'en effet il eût attendue en vain, ſe met à le tancer effrontément ſur le dogme, ſur la morale, ſur la foi, ſur les miracles, *ab hoc, ab hac*, en franc ſorboniſte, ſans ſavoir un mot de ce qu'il dit. On voulu le faire taire : en n'en put venir à bout. Rouſſeau, les yeux baiſſés, & dans le plus morne ſilence, attendit patiemment, l'arrivée de la Galiotte. Il en ſortit des premiers, &

fans fe plaindre : mais il ne retourna plus aux herborifations champêtres.

De tous les gens de lettres avec lefquels il fe lia
depuis fon retour en France, celui qui fut le plus
digne de l'apprécier, & qui eut le plus de confor-
mités avec lui, paroît être l'eftimable & célèbre auteur des *Etudes de la Nature*. Auffi reftèrent ils unis
jufqu'à la fin. Le goût de la Botanique, celui des
promenades champêtres, celui de toutes les chofes
fimples & naturelles, égale innocence de mœurs,
amour égal pour l'Humanité, qui fouvent éloigne des
hommes, tout concouroit à maintenir entr'eux une
liaifon que la mort feule a rompue. Dans l'avant-
propos de fon *Arcadie*, ouvrage que tous les amis de la
Nature defirent de voir achevé, M. de St. Pierre s'eft
plû à rendre juftice, plus que ne l'a fait encore aucun auteur de quelque célébrité, à la bonté, à la probité, à la bonhommie de Jean-Jacques. Il en cite les
preuves les plus touchantes; leurs promenades, &
leurs entretiens rappellent ces temps fi éloignés du
nôtre ; où des fages ne fe cherchoient que pour s'inf-
truire, & puifoient dans la communication de leurs
fentimens & de leurs lumières, de nouveaux moyens
pour éclairer les autres hommes.

Ce Jean-Jacques qui, reparoiffant, après une longue
abfence, au bois de Boulogne, où il avoit été fouvent
avec fa femme *manger une côtelette*, eft accueilli par
le garçon du Suiffe ; d'un *hé bien, bon homme, d'où
venez-vous donc ? il y a un temps infini que nous ne
vous avons vu ;* & qui lui répond fimplement : « c'eft
» que ma femme a été long-temps malade ; & moi-
» même j'ai été incommodé », trouvant tout naturel

d'être

d'être pris depuis long-temps par ce garçon pour un
homme d'un état mécanique, & paroiſſant même ne
pas comprendre l'étonnement que cauſe cet accueil à
ſon compagnon de promenade : ce Jean-Jacques, qui,
ſelon M. de Saint-Pierre , » n'avoit point la vanité
de la plûpart des gens de lettres, qui veulent toujours occuper les autres de leurs idées, & encore
moins celle des gens du monde qui croient qu'un
homme de lettres eſt fait pour les tirer de leur en-
nui par ſon babil » : ce Jean-Jacques qui » partageoit
les bénéfices & les charges de la converſation, parlant
à ſon tour , & y laiſſant parler les autres ; leur laiſſant même le choix de l'entretien, & ſe réglant à leur
meſure ;..... dont la modeſtie lui interdiſoit le ton
théâtral & les ſentences d'oracles de nos converſa-
tions ; qui étoit au milieu de nos beaux-eſprits, avec
ſa ſimplicité, comme une fille avec ſes couleurs naturelles, parmi des femmes qui mettent du blanc &
du rouge ,,..... Ce Jean-Jacques dont un homme ſi
bien fait pour ſe connoître en génie & en probité,
trouvoit encore la probité ſupérieure au génie ; qui
étoit, ſuivant lui , ,, du petit nombre d'hommes de
lettres éprouvés par l'infortune, auxquels on peut
ſans riſque communiquer ſes penſées les plus intimes,
& dont on n'avoit à craindre ni la malignité, s'il les
trouvoit mauvaiſes, ni l'infidélité ſi elles lui ſembloient
bonnes ,, : ce Jean-Jacques eſt-il bien le même dont
on nous atteſtoit l'orgueil & l'inſociabilité? Eſt-il bien le
même dont nous avons vu & entendu faire de ſi hideu-
ſes peintures ? Ah ! ſans doute, le modèle eſt le même :
il n'y a de différent que l'œil du peintre, & la fidé-
lité du pinceau.

H

· II. Voltaire écrivoit, en 1766, à David Hume, lors de la querelle de celui-ci avec Rouffeau : « quand » je fus qu'il avoit beaucoup d'ennemis à Paris, qu'il » aimoit comme moi la retraite, & que je préfumai » qu'il pouvoit rendre quelques fervices à la philo- » fophie, je lui fis propofer par M. Marc Chappuis, » Citoyen de Genève, dès l'an 1759, une maifon » de campagne appelée *l'Hermitage*, que je venois d'a- » cheter. Il fut fi touché de mes offres, qu'il m'é- » crivit ces propres mots : *Monfieur, je ne vous aime* » *point : vous corrompez ma république en donnant* » *des fpectacles dans votre château de Ferney, &c.* »

C'eft-là le premier grief que Voltaire, ayant à motiver une haine, des procédés & des injures, que cela même ne motiveroit pas, a toujours allégué dans la fuite. C'eft celui qu' alléguent encore ceux de fes amis qui croient apparamment qu'on ne peut l'admirer fincè- rement fans juftifier toutes fes haines. M. de Condorcet lui-même, malgré fon excellent efprit, n'a-t-il pas dit, dans la Vie de Voltaire : «'il fut injufte, parce » que Rouffeau l'avoit irrité, en répondant par des » injures à des offres de fervices » ? On va voir tout-à-l'heure à quoi ces offres fe réduifent, & ce que c'étoit que ces injures. Mais tout cela dans l'origine, n'eft fondé, comme je l'ai dit, que fur un défaut de mémoire, car on répugne à imputer à Voltaire, une autre fource de cette erreur.

D'abord Jean-Jacques ne pouvoit, en 1759, lui re- procher fes fpectacles au château de *Ferney*, puifqu'à cette époque Voltaire habitoit encore *les Délices*. Ce fut dès 1755, qu'écrivant à Rouffeau une lettre qui com- mence par ces paroles ironiques : *j'ai reçu, Monfieur,*

votre nouveau livre contre le genre humain, (& ce
livre étoit le Difcours fur l'origine de l'inégalité parmi
les hommes), il la terminoit en lui difant : « M. Chap-
» puis m'apprend que votre fanté eft bien mauvaife :
» il faudroit la venir rétablir dans l'air natal , jouir
» de la liberté , boire avec moi du lait de nos vaches ,
» *& brouter nos herbes* ». Cette invitation faite dans
un temps où Roufſeau n'avoit pas encore d'ennemis
déclarés , étoit , fi l'on veut , fort honnête ; mais cela
ne reſſemble point à des *offres de fervices* , pas plus
que ne reſſembloit à des injures cette réponfe charmante :
« je fuis fenfible à votre invitation ; & fi cet hiver
» me laiſſe en état d'aller au printemps habiter ma
» patrie , j'y profiterai de vos bontés : mais j'aime-
» rois mieux boire de l'eau de votre fontaine que du
» lait de vos vaches ; & quand aux herbes de votre
» verger , je crains bien de n'y en trouver d'autres que
» le lotos, qui n'eft pas la pâture des bêtes , & le moly
» qui empêche les hommes de le devenir » (I).

---

(1) Roufſeau eut donc raifon de dire long-temps après , dans fes
réponfes aux queftions de M. Chauvel : « jamais ni en 1759 , ni
» en aucun autre temps , M. Marc Chappuis ne m'a propofé
» de la part de M. de Voltaire d'habiter une petite maifon ap-
» pellée *l'hermitage*. En 1755 , M. de Voltaire me preſſant de
» revenir dans ma patrie , m'invitoit d'aller boire du lait de
» fes vaches. Je lui répondis : fa lettre & la mienne furent pu-
» bliques. Je ne me fouviens pas d'avoir eu de fa part aucune
» autre invitation ». (Deuxième fupplément aux Œuvres de Jean-
Jacques Roufſeau , vol. 4.) M. Chappuis vivoit alors ; & il
n'a jamais ni appuyé l'aſſertion de Voltaire , ni contredit la dé-
négation de Roufſeau.

L'année fuivante , (1756) lettre de Rouffeau à
Voltaire fur fes deux poëmes de *la Loi naturelle* & du
défaftre de Lisbonne. Dialectique forte & preffante en
faveur du fyftême de Pope & de Leibnitz : politeffe ,
égards , témoignages d'une admiration fincère , qui
méritoient une réponfe , fur-tout de la part d'un homme
qui répondoit par des flatteries à celles du dernier gou-
jat de la littérature. C'eft vers la fin de cette longue
& excellente lettre que Rouffeau propofe à Voltaire
l'idée d'un code moral , ou d'une profeffion de foi
civile , qu'il l'engage à traiter , & à revêtir des charmes de la poëfie. « Ce projet , lui dit-il , doit plaire
» à l'auteur d'Alzire. Vous nous avez donné dans
» votre Poëme fur la Religion naturelle le cathéchifme
» de l'homme : donnez-nous maintenant , dans celui
» que je vous propofe , le cathéchifme du citoyen.
» C'eft une matière à méditer long-temps , & peut-
» être à réferver pour le dernier de vos ouvrages ,
» afin de terminer par un bienfait au genre humain
» la plus brillante carrière que jamais homme de let-
» tres ait parcourue ». Point de réponfe , finon un
petit billet fort infignifiant & fort lefte , le dernier
qu'il lui ait écrit. Je me trompe : peu de temps après
parut *Candide* , où font traveftis dans la bouche du
docteur Pangloff tous les raifonnemens dont Jean-
Jacques avoit appuyé dans fa lettre le fyftême con-
folant de l'optimifme.

Dans l'article *Genève* de l'Encyclopédie , d'Alembert , pour flatter Voltaire , insère , en 1758 , un plai-
doyer en faveur de l'établiffement d'un théâtre dans
cette petite république. Une partie même de l'article eft retouchée & rédigée par Voltaire. Rouffeau

eroit que ce confeil eft pernicieux à fa patrie : il pu-
blie fa Lettre à d'Alembert fur les fpeɛɛacles, que ni
d'Alembert ni Voltaire ne lui ont jamais pardonnée (2).
On fait ce que fut toujours le reffentiment de Voltaire. Rouffeau n'apprit que trop, par fes correfpon-
dances de Genève, la manière dont il s'exprimoit fur
fon compte, & l'influence qu'il commençoit à prendre par fes relations avec les premiers membres du
confeil.

En 1760, la lettre fur le poëme *du défaftre de Lis-*
bonne ayant paru imprimée à Berlin, il croit devoir
à Voltaire des explications à cet égard. Il ajoute, avec
une franchife que condamne peut - être la cauteleufe
& froide politeffe, mais digne d'une ame au-deffus
de la trempe vulgaire : „ Je ne vous aime point,
» Monfieur, vous m'avez fait les maux qui pouvoient
» m'être les plus fenfibles, à moi votre difciple
» & votre enthoufiafte. . . . . Vous avez

---

(2) Voltaire trouva mauvais que Rouffeau lui eût adreffé un
exemplaire de fa lettre ; & cependant cette démarche n'étoit que
franche & loyale. « Je n'ignorois pas, dit Rouffeau dans une
» lettre à M. Vernes, que l'article *Genève* étoit en partie de
» M. de Voltaire : quoique j'aie eu la difcrétion de n'en rien
» dire, il vous fera aifé de voir, par la leɛture de l'ouvrage,
» que je favois, en l'écrivant, à quoi m'en tenir. Mais je trou-
» verois bizarre que M. de Voltaire crût, pour cela, que je
» manquerois de lui rendre un hommage que je lui offre de
» très-bon cœur... Que maudit foit tout refpeɛ humain qui offenfe
» la droiture & la vérité ! J'efpère avoir fecoué pour jamais
» cet indigne joug. »

» aliéné de moi mes concitoyens ; pour le prix
» des applaudiſſemens que je vous ai prodigués parmi
» eux. . . . . . Je vous hais enfin, puiſque vous
» l'avez voulu : mais je vous hais en homme en-
» core plus digne de vous aimer, ſi vous l'aviez
» voulu. De tous les ſentimens dont mon cœur étoit
» pénétré pour vous, il n'y reſte que l'admiration
» qu'on ne peut refuſer à votre beau génie, & l'amour
» de vos écrits. Si je ne puis honorer en vous que
» vos talens, ce n'eſt pas ma faute. Je ne manquerai
» jamais au reſpect qui leur eſt dû, ni aux procé-
» dés que ce reſpect exige ,,. Qu'y a-t-il donc d'ou-
trageant dans une haine ſi noble? Ne diroit-on pas
que, par une délicateſſe rafinée, Rouſſeau n'avoue
qu'il hait que pour donner un nouveau prix à ſon
admiration & à ſes éloges? Mais non : il y a plutôt
dans cette manière élevée de haïr & de le dire un
avantage humiliant, une ſupériorité impardonnable.

III. C'eſt dans la cinquième de ces lettres que ſe
trouve une attaque fort vive, & d'autant plus pi-
quante pour Voltaire que Rouſſeau y employa contre
lui une imitation parfaite de ſes tours & de ſon ſtyle.
On lui en a fait un grand crime ; & je ne dirai pas
qu'il ne ſortit point cette fois de ſa modération ac-
coutumée, mais que cette attaque ne fut point gratuite comme on le dit ; qu'elle fut amenée & preſque forcée par la ſuite des évènemens & des choſes ;
& qu'en paroiſſant être l'agreſſeur, il ne fit réellement que ſe défendre. C'eſt ce qu'il eſt auſſi néceſ-
ſaire que facile de démontrer.

Il faut ſe reporter au temps de l'affaire d'Emile,
& ſe mettre à la place de ſon Auteur. Neuf jours

étoient à peine écoulés depuis le décret du parlement de Paris, qu'un décret pareil eſt lancé à Genève. Pourquoi cet accord ſingulier? qui a pu porter la République à ſuivre preſque ſans examen & ſans connoiſſance de cauſe, l'exemple de la France? Voltaire étoit lié avec les ennemis de Rouſſeau, avec les chefs de l'ariſtocratie Genevoiſe, irrités & ligués contre lui, avec M. de Choiſeul qui le haïſſoit & qui pouvoit tout à Genève; n'étoit-il pas naturel qu'il attribuât à cet accord l'injuſte violence du Conſeil contre ſa perſonne & contre ſon ouvrage? Deux ans s'écoulent, & Rouſſeau reſte exilé ſur ſa montagne. Piqué de voir que ſes concitoyens ne ſongent point à uſer en ſa faveur du droit de repréſentation que la conſtitution leur donne, il rompt entièrement avec eux, & abdique les droits de bourgeoiſie & de cité.

Cette abdication leur fait ſentir leur lâcheté. Ils joignent alors ſa cauſe à quelques autres griefs, & font au Conſeil des repréſentations dont il ne tient aucun compte. Ils inſiſtent, ſuivant leur droit, & c'eſt dans leur réplique qu'ils inſèrent un paragraphe, ſource de tout le mal. Ils y déſignent des ouvrages *tolérés à Genève, répandus & même imprimés dans la ville, ouvrages dans leſquels on a lancé bien des traits contre la providence, contre l'immortalité de l'ame, contre la religion des Juifs, & où l'on fait une véritable ſatyre de la religion.* Or en comparant les ouvrages de Rouſſeau avec ceux qui ſont ainſi tolérés, ils trouvent inconcevable que le Conſeil ait cru devoir ſévir contre les uns ſans l'avoir fait contre les autres; ils réclament contre une diſparité dangereuſe, & contraire à la conſtitution.

Voilà Voltaire évidemment mis en jeu, fans la participation de Roufſeau, alors éloigné de Genève & brouillé avec ſes anciens concitoyens. Cette guerre de plume devenoit embarraſſante pour le Conſeil : le Procureur-général Tronchin vint à ſon ſecours, & publia contre les Repréſentans les *Lettres écrites de la campagne*. Voici, avec tout ſon eſprit, la réponſe qu'il eut la gaucherie de faire au trait que je viens de citer. » La comparaiſon d'Emile & du Contrat ſocial
» avec d'autres ouvrages qui ont été tolérés, & la
» partialité qu'on en prend occaſion de reprocher au
» Conſeil, ne me ſemblent pas fondées. Ce ne ſeroit
» pas bien raiſonner que de prétendre qu'un gouver-
» nement, parce qu'il auroit une fois diſſimulé, ſeroit
» obligé de diſſimuler toujours : ſi c'eſt une négli-
» gence on peut la redreſſer ; *ſi c'eſt un ſilence for-*
» *cé par les circonſtances ou par la politique*, il y
» auroit peu de juſtice à en faire la matière d'un re-
» proche. Je ne prétends point juſtifier les ouvrages
» déſignés dans les Repréſentations; mais, en conſcience,
» y a-t-il parité entre des livres où l'on trouve des
» traits épars & indiſcrets contre la religion, & les
» livres où ſans détour, ſans ménagement, on l'atta-
» que dans ſes dogmes, dans ſa morale, dans ſon
» influence ſur la ſociété civile ? Faiſons impartiale-
» ment la comparaiſon de ces ouvrages ; jugeons en
» par l'impreſſion qu'ils ont faite dans le monde. Les
» uns s'impriment & ſe débitent par-tout : on ſait
» comment y ont été reçus les autres. »

On ne pouvoit dire plus clairement : quelques reproches qu'on puiſſe faire à certains ouvrages de Voltaire, publiquement vendus & imprimés dans nos murs,

comme il eſt ami de M. de Choiſeul, & que ce Miniſtre diſpoſe de nous à ſon gré, nous ſommes forcés de
les tolérer ; mais ce n'eſt pas une raiſon pour nous d'accorder la même tolérance aux ouvrages d'un autre Auteur qui n'a point pour lui de miniſtre. C'étoit même
en laiſſer entendre davantage, & dire implicitement :
la contradiction manifeſte de cette conduite nous eût
fait garder le ſilence ſur *Emile* & ſur le *Contrat ſocial*, ſi
nous n'avions reçu des ordres. C'eſt M. de Choiſeul
qui nous mène : c'eſt lui qui nous force de ſouffrir
celui-ci, de brûler celui-là : nous n'y pouvons rien,
& l'on a tort de nous le reprocher. En effet, ſans
cela, auroient-ils mis tant de preſteſſe à fulminer leur
décret ? Ne ſe ſeroient-ils pas donné le temps de lire,
d'examiner & d'entendre ? En répétant, à neuf jours ſeulement de diſtance, un arrêt lancé en France contre un
de leurs concitoyens, n'auroient-ils pas craint de ne paroître que les échos du Parlement de Paris ?

Soyons juſtes : comment Rouſſeau, ainſi ſacrifié
par des conſidérations politiques, devenu ſoupçonneux
depuis ſes malheurs, & voyant ſi clairement la chaine
établie entre le Conſeil, M. de Choiſeul & Voltaire,
n'eût-il pas pouſſé au plus loin ſes conſéquences ? Comment eût-il enduré patiemment ces motifs de la proſ-
cription de ſes écrits ? comment les entrailles pater-
nelles ne ſe ſeroient-elles pas ſoulevées, en voyant
mettre l'Emile & le Contrat ſocial au-deſſous de quelques brochures, fort plaiſantes à la vérité, mais que,
par cette raiſon même, il étoit abſurde de leur comparer ? comment enfin, dans la réponſe foudroyante qu'il
fit, par ſes *Lettres écrites de la montagne*, aux *Lettres
écrites de la campagne*, eût-il paſſé ſous ſilence cet

aveu de fes adverfaires, dont il pouvoit fi bien tirer parti ? n'eût-ce pas été négliger un des bons moyens de fa caufe, & de qui pourroit-on exiger de pareils ménagemens ? Il répondit donc à cet article ; & fi ce ne fut pas fans malice, ce fut du moins fans noir-ceur & fans violence : ce fut fur-tout avec un fel, une fineffe qui fit perdre la mefure à Voltaire, battu avec fes propres armes.

Il introduit Voltaire lui-même confeillant la tolé-rance aux Magiftrats de Genève. » Meffieurs, lui fait-il » dire, ce ne font point les raifonneurs qui font du » mal : ce font les caffards.... Raifonner eft de tou-» tes les folies des hommes celle qui nuit le moins » au genre humain, & l'on voit même des gens fa-» ges entichés par fois de cette folie-là. Je ne raifonne » pas moi, cela eft vrai, mais,... je fais mieux, » je fais raifonner mes lecteurs. Voyez mon chapitre » des Juifs ; voyez-le plus développé dans le fermon » des cinquante, &c. »

Il termine ainfi cette profopée : » Nous avons ar-» rangé que mon grand crédit à la cour, & ma » toute-puiffance prétendue vous ferviroient de prétexte » pour laiffer courir en paix les jeux badins de mes » vieux ans : cela eft bon ; mais ne brûlez pas pour » cela des écrits plus graves ; car alors cela feroit » trop choquant. J'ai tant prêché la tolérance ! il ne » faut pas toujours l'exiger des autres, & n'en jamais » ufer avec eux. Ce pauvre homme croit en Dieu ? » Paffons-lui cela ; il ne fera pas fecte. Il eft en-» nuyeux ? tous les raifonneurs le font. Nous ne met-» trons pas celui-ci de nos foupés : du refte que nous » importe ? Si l'on brûloit tous les livres ennuyeux,

» que deviendroient les bibliothèques ? & fi l'on brû-
» loit tous les gens ennuyeux, il faudroit faire un
» bûcher du pays. Croyez-moi, laiffons raifonner ceux
» qui nous laiffent plaifanter : ne brûlons ni gens ni
» livres ; & reftons en paix : c'eft mon avis ».

Encore une fois ; j'avoue que cette botte eft vigou-
reufe ; mais elle étoit provoquée ; mais elle eft portée
avec grace, avec mefure ; & fi elle bleffe, c'eft fans
meurtrir & fans déchirer. On verra dans la note fuivante fi l'on en peut dire autant de la ripofte.

C'eft une moquerie de prétendre, comme les derniers éditeurs de Voltaire, que dans un pays où d'an-
ciennes loix intolérantes & barbares n'étoient pas encore abolies, *cette accufation* de Rouffeau *étoit un
véritable crime*. D'abord ce n'étoit point une accufation, mais une récrimination forcée. S'il y avoit accufation, c'étoit de la part des citoyens qui les premiers avoient clairement défigné Voltaire dans leurs
repréfentations ; c'étoit dans la réponfe mal – adroite
de l'Auteur des *Lettres de la campagne* , où Voltaire
étoit encore plus compromis. Enfin cette accufation
prétendue ne feroit un crime que fi elle eût pu être
dangereufe pour Voltaire ; & il y avoit, avec raifon,
mis bon ordre. Il avoit pour lui & fouvent chez lui
les premiers du Confeil ; & les *raifons politiques*, en
cas de plaintes, auroient toujours *commandé le filence.*

IV. Ce libelle parut peu de jours après les *Lettres
de la Montagne.* Pour juftifier le titre que je lui
donne, il fuffit de citer ce paffage. » Eft - ce un fa-
» vant qui difpute contre des favans ? non : c'eft l'Au-
» teur d'un opéra & de deux comédies fifflées. Eft-ce
» un homme de bien, qui, trompé par un faux zèle ,

» fait des reproches indiscrets à des hommes ver-
» tueux ? Nous avouons avec douleur & en rougissant
» que c'est un homme qui porte encore les marques
» funestes de ses débauches, & qui, déguisé en Sal-
» timbanque, traîne avec lui de village en village
» la malheureuse dont il fit mourir la mère, & dont
» il a exposé les enfans à la porte d'un hôpital. ... en
» abjurant tous les sentimens de la Nature, comme
» il dépouille ceux de l'honneur & de la religion. »

On sait la réponse que fit Rousseau à ces lignes de
sang & de fiel; mais on a besoin de la relire, pour se
réconcilier avec l'humanité. » Je veux faire avec sim-
» plicité la déclaration que semble exiger de moi cet
» article. Jamais aucune maladie de celles dont parle
» ici l'Auteur, ni petite ni grande n'a souillé mon
» corps. Celle dont je suis affligé n'y a pas le moin-
» dre rapport : elle est née avec moi, comme le sa-
» vent les personnes encore vivantes qui ont pris soin
» de mon enfance...... La personne sage & généra-
» lement estimée qui m'a soigné dans mes maux &
» me console dans mes afflictions, n'est malheureuse
» que parce qu'elle partage le sort d'un homme fort
» malheureux. Sa mère est actuellement pleine de vie,
» & en bonne santé, malgré sa vieillesse. Je n'ai ja-
» mais exposé, ni fait exposer aucun enfant, à la porte
» d'aucun hôpital ni ailleurs..... Je n'ajouterai rien
» sur ce passage, sinon qu'au meurtre près, j'aime-
» rois mieux avoir fait tout ce dont son Auteur m'ac-
» cuse, que d'en avoir écrit un pareil ».

Quant au Poëme de *la guerre de Genève*, qui ne
parut que plusieurs années après, le goût & la poësie

demanderoient pour l'avoir fait une amende honorable, quand même l'honnêteté ne l'exigeroit pas.

Le roux Rousseau de fureur hébété...
Là se tapit ce noir énergumène,
Cet ennemi de la nature humaine.....
Il tient beaucoup du naturel d'un chien, &c.

Voilà des échantillons de l'élégance du style & de
la justesse des pensées.

Rousseau, qui jamais, dans ses querelles littéraires,
ne dérogeoit à la dignité du génie, avoit bien aussi
ses vengeances. En voici une terrible..... Il souscrivit
en 1770, pour la statue de Voltaire (3). La simplicité
qu'il mit dans cette action & le chagrin d'enfant
qu'en témoigna Voltaire, ajoutent également à son
triomphe. » J'apprends, Monsieur, écrivit-il à M. de
» la Tourette, qu'on a formé le projet d'élever une
» statue à M. de Voltaire, & qu'on permet à tous
» ceux qui sont connus par quelque ouvrage imprimé
» de concourir à cette entreprise. J'ai payé assez cher
» le droit d'être admis à cet honneur, pour oser y

___

(3) Il est bon de remarquer que dans ce temps-là même, Voltaire qui ne perdoit jamais une occasion de se mocquer de Rousseau, écrivoit à Madame Necker :

A moi chétif une statue !
C'est à Jean-Jacques qu'elle est due ;
Mais l'Univers est un ingrat.

Il ne croyoit pas dire si vrai : il ne prévoyoit pas que vingt
ans après, sinon *l'Univers*, au moins la Nation entière se la-
veroit de cette *ingratitude*.

» prétendre , & je vous fupplie de vouloir bien inter-
» pofer vos bons offices , pour me faire infcrire au
» nombre des foufcrivans. J'efpère , Monfieur , que les
» bontés dont vous m'honorez , & l'occafion pour la-
» quelle je m'en prévaux ici , vous feront aifément
» pardonner la liberté que je prends. *Lyon , 2 juin*
» 1770 ».

Dès que Voltaire apprit cette nouvelle , il fe hâta
d'écrire à M. de la Tourette. « Vous favez peut-être,
» Monfieur, qu'on a imprimé dans la Gazette de Berne,
» que Jean-Jacques Rouffeau vous avoit écrit une
» lettre par laquelle il foufcrivoit entre vos mains
» pour certaine ftatue. Je vous prie de me dire fi la
» chofe eft vraie. *J'ai peur* que les gens de lettres de
» Paris ne veuillent point admettre d'étranger. Ceci
» eft une galanterie toute françoife. Ceux qui l'ont
» imaginée font tous ou Artiftes ou Amateurs. *M le*
» *Duc de Choifeul eft à la tête , & trouveroit peut-*
» *être mauvais que l'article de la Gazette fe trouvât*
» *vrai* »...... J'en fuis fâché pour la mémoire de M. de
Choifeul ; mais ce peu de mots contient une révélation
immenfe.

N. B. Ces trois notes relatives à Voltaire font fort
longues & déplairont peut-être, pour plus d'une raifon ,
à beaucoup de perfonnes. Je n'ai fait pourtant qu'y
rétablir des faits altérés depuis long-temps par la malveillance, & adoptés par la crédulité. Je prie ces
perfonnes de me pardonner d'avoir examiné fans partialité , mais avec attention, ce qu'elles ont mieux
aimé juger fans examen. Je les prie de croire que
leur admiration pour Voltaire eft peut être moins vive
& moins fentie que la mienne, qui ne tient à au-

cune raifon d'intérêt perfonnel , à aucune liaifon an-
térieure , à aucun efprit de parti ; & qu'enfin , lorfqu'il
faudra louer fon génie , fon efprit , fon ame , prouver
l'influence majeure qu'ont eue fes écrits fur notre Révolution, & la réconnoiffance qu'on lui doit , je n'aurai
qu'à me laiffer aller à mon fentiment & à ma perfua-
fion intime.

Rouffeau foufcrivit pour une ftatue de Voltaire : il
pleura de joie en apprenant fon triomphe au Theâtre
François : aujourd'hui que la Nation lui décerne à lui-
même un triomphe & une ftatue qu'il a fi bien mérités ,
fa voix fe réunit du féjour de la paix & du bonheur ,
à la voix des admirateurs de Voltaire , qui follicitent
en fa faveur une ftatue nationale. Il ne faut pas que
la France s'honore & s'acquitte à demi ; il faut que
le même cizeau s'immortalife par l'image de ces deux
grands hommes. Une infcription fort fimple prouveroit
que leurs droits font égaux. On pourroit mettre au
pied de la ftatue de Jean-Jacques : *au Fondateur de
la liberté* ; au pied, de celle de Voltaire : *au Deftruc-
teur de la fuperftition.*

V. J'ai dit dans ma première lettre que cette calomnie avoit été affaifonnée d'une *bénignité perfide.*
Voici ce qui juftifie cette expreffion. « La vérité nous
» oblige de dire (*& ce n'eft pas fans un regret bien
» fincére*) que le bienfaiteur eut depuis beaucoup à
» fe plaindre de celui qu'il avoit fi noblement & fi
» promptement obligé. Mais la mort du coupable, les
» juftes raifons que nous avons eues de nous en plaindre
» nous-mêmes , nous obligent *de tirer le rideau fur
» ce détail affligeant ,* dont les preuves font *malheu-*

» *reufement* confignées dans des lettres authentiqúes ». Eloge de Milord Maréchal.

Quel autre nom donner à toutes ces tartufferies, quand non-feulement il n'y a ni preuves ni lettres authentiques , mais quand il eft authèntiquement prouvé que jufqu'à la fin de fa vie , Rouffeau conferva & profeffa pour Milord Maréchal la même vénération & la même tendreffe ? On en trouve mille témoignages dans fes lettres & dans fes ouvrages pofthumes. On y peut joindre cet extrait d'une lettre de M. du Peyrou. « Non , Madame, Jean-Jacques » n'a pu donner d'autres chagrins à Milord Maréchal » que fa querelle avec M. Hume ; & fi à cette épo- » que la correfpondance du Lord s'eft ralentie , elle » n'a jamais ceffé totalement. Je fais de Jean-Jacques » lui-même qu'il recevoit quelquefois des nouvelles » de ce refpectable ami : je fais de Lord Maréchal, » qu'en ralentiffant fa correfpondance par des raifons » pleines de fageffe , & fondées fur fon âge , il de- » firoit & demandoit des nouvelles de *fon Jean-Jac-* » *ques.* J'ai vu celui-ci , à mon paffage à Paris , en » 1775 , m'exprimer avec plénitude de cœur *les fen-* » *timens de tendreffe & de vénération pour l'homme* » *qu'il aimoit & refpectoit au-deffus de tous les hommes.* » Je l'ai vu *s'attendrir* au récit que je lui faifois des » preuves multipliées que j'avois eues à Valence en » Efpagne , du fouvenir plein de tendreffe que l'on » y confervoit pour la perfonne & les vertus de cet » homme vraiment fait pour infpirer ces fentimens ». (Voyez le fixième volume du fupplément aux œuvres de Jean-Jacques Rouffeau).

» O bon Milord ! ô mon digne père ! (dit *l'ingrat* Jean-

Jean-Jacques, dans le dernier livre de ſes *Confeſſions* »
» que mon cœur s'émeut encore en penſant à vous !
» ah ! les barbares ! quel coup ils m'ont porté en vous
» détachant de moi ! Mais non , non , grand homme ,
» vous êtes & ferez toujours le même pour moi ,
» qui ſuis le même toujours. Ils vous ont trompé ;
» mais ils ne vous ont pas changé ».

Il n'eſt pas inutile d'obſerver l'identité des tours
dans les *Sentimens des Citoyens* , & dans le paſſage de
l'*Eloge* de Milord Maréchal , cité au commencement de
cette note. *Nous avouons avec douleur & en rougiſ-
ſant* , dit Voltaire ; & *ce n'eſt pas ſans un regret bien
ſincère* , dit d'Alembert. Bertrand & Raton parloient
ſouvent même langage (4).

VI. Note de l'*Eſſai ſur la vie de Sénèque*. « Si par
» une biſarrerie qui n'eſt pas ſans exemple , il paroiſ-
» ſoit jamais un ouvrage où d'honnêtes gens fuſſent
» impitoyablement déchirés par un *artificieux ſcélérat*..
» demandez-vous à vous-mêmes ſi *un impudent*, *un*
» *Cardan*, qui s'avoueroit coupable de mille méchan-
» cetés feroit bien digne de foi ; ce que la calomnie

---

(4) Cette alluſion à la correſpondance de Voltaire & de d'Alembert,
rappellera peut-être que dans cette correſpondance , d'Alembert eſt
loin d'animer Voltaire contre Rouſſeau , comme bien des gens l'ac-
cuſent, de l'avoir fait; qu'il va même juſqu'à parler une fois en faveur
de ce dernier ; & l'on en tirera , malgré ce que j'ai pu dire , des
conféquences favorables à ſes ſentimens pour Rouſſeau. Et ſi d'A-
lembert fut lui-même un des éditeurs des Œuvres de Voltaire ; s'il
le fut ſur-tout de ſes propres Lettres adreſſées au Philoſophe de Ferney;
s'il y fit de ſa main les changemens, les additons, les retran-
chemens qu'il voulut ?..... Mais ce ſont là des ſuppoſitions — »on
ſe ſont des faits.

» auroit dû lui coûter , & ce qu'un forfait de plus
» ou de moins ajouteroit à la turpitude fecrète d'une
» vie cachée pendant plus de cinquante ans fous le maf-
» que le plus épais de l'hypocrifie. Jettez loin de vous
» fon infâme libelle..... Déteflez l'ingrat, qui dit du
» mal de fes bienfaiteurs ; déteflez l'homme atroce,
» qui ne balance pas à noircir fes anciens amis : dé-
» teflez le lâche , &c. » Rapprochez cette virulente
diatribe, du paffage des Confeffions cité dans ma première Lettre : rapprochez-la de quelques lettres de
Jean-Jacques à Diderot, de celle , par exemple, qui
fe termine ainfi : « Tout votre empreffement , tout
» votre zèle pour me procurer des chofes dont je
» n'ai que faire, me touchent peu. Je ne veux que
» de l'amitié , & c'eft la feule chofe qu'on me re-
» fufe. Ingrat, je ne t'ai point rendu de fervices ,
» mais je t'ai aimé ; & tu ne me payeras de ta vie
» ce que j'ai fenti pour toi durant trois mois. Montre
» cet article à ta femme , plus équitable que toi , &
» demande lui fi , quand ma préfence étoit douce à
» ton cœur affligé , je comptois mes pas, & re-
» gardois au temps qu'il faifoit pour aller à Vin-
» cennes confoler mon ami ; (allufion au refus, que
Diderot lui faifoit depuis long-temps d'aller le voir
à l'Hermitage) , « homme infenfible & dur ! deux
» larmes verfées dans mon fein m'euffent mieux valu
» que le trône du monde ; mais tu me les refufes,
» & te contentes de m'en arracher. Hé bien ! garde
» tout le refte : je ne veux plus rien de toi ».

Enfin rapprochez-la de cette autre lettre qui commence par ces mots : « Il faut, mon cher Diderot,
» que je vous écrive encore une fois ». Vous y verrez

une prophétie, dont cette note de *l'effai fur la vie de Sénèque* femble prouver l'accompliffement. « Vous
» pouvez avoir été féduit ou trompé. Cependant
» votre ami gémit dans fa folitude, oublié de tout
» ce qui lui étoit cher. Il peut y tomber dans le
» défefpoir, y mourir enfin, maudiffant l'ingrat dont
» l'adverfité lui fit tant verfer de larmes, & qui
» l'accable indignement dans la fienne : il fe peut que
» les preuves de fon innocence vous parviennent
» enfin, que vous foyez forcé d'honorer fa mémoire,
» & que l'image de votre ami mourant *ne vous*
» *laiffe pas des nuits tranquilles.* Diderot, penfez-y :
» je ne vous en parlerai plus ». La note emportée
de Diderot, dictée par le plus violent délire, ne vous
femble-t-elle pas être le fruit d'une de ces mauvaifes
nuits que Rouffeau lui avoit prédites ?

VII. C'eft une chofe très fingulière qu'un homme de
beaucoup d'efprit prouve directement ce qu'il a voulu
réfuter, & qu'il fuffife de le citer pour lui répondre.
Voici l'explication relative à Rouffeau que M. Cérutti
met dans la bouche de M. d'Holbach lui-même, en
rapportant, comme il l'affure, fes propres paroles.
» Rien n'étoit plus commun que la converfation or-
» dinaire de Jean-Jacques ; mais elle devenoit réel-
» lement fublime ou folle dès qu'il étoit contrarié.
» *J'ai à me reprocher d'avoir multiplié ces contrariétés*
» *pour mutiplier ces momens d'éclat & de verve... J'é-*
» tois idolâtre de la mufique italienne : il ne l'étoit
» pas moins. Son *Devin du village* ne fut goûté ni
» prôné par perfonne autant que par moi ; mais le
» génie mufical de l'Auteur étoit fujet aux mêmes
difparates que fes autres talens. On l'accufa de pla-

» giat : *je voulus vérifier*. Je ne tendis pas de piéges ;
» mais *je hazardai des épreuves*. Il s'apperçut *de mes*
» *défiances*, & dès ce moment je perdis son amitié.
» Ayant perdu ma première femme, je reçus de lui
» *une lettre si touchante* que je crus son amitié ranimée
» par mes chagrins. Je l'accueillis, je le recherchai,
» je le soignai avec un zèle nouveau, & pour ainsi
» dire, paternel. C'est dans ce moment qu'il venoit
» de se vouer tristement à une bien platte union. On
» ne peut imaginer un contraste plus affligeant que
» celui qu'il présentoit avec sa Thérèse & son génie.
» Diderot, Grimm & moi, *nous fîmes une conspi-*
» *ration amicale* contre ce bisarre & ridicule assem-
» blage. Il fut *blessé de notre zèle, indigné de notre*
» *désapprobation*, & dès ce moment il se tourna avec
» une véritable fureur contre *notre Philosophie anti-*
» *Thérésienne*. Plus nous cherchions à le ramener vers
» ses anciens principes & vers ses anciens amis, plus
» il s'éloignoit des uns & des autres ». Et qui n'en
eût pas fait autant ? Peut-on nommer cela de l'amitié,
du zèle ? N'est-ce donc pas une persécution, une véritable tyrannie ? Et ne trouve-t-on pas ici la clé de
toutes les tracasseries que Rousseau attribue à cette
société ?

La suite de la lettre nous apprend une anecdote
curieuse, que je regrette de ne pas voir dans les
Confessions ; Rousseau ne l'eût pas mieux écrite. S'il
ne l'a pas employée, ce ne peut être qu'un manque de
mémoire. Elle lui fournissoit une scène excellente ; &
ce n'étoit pas là un de ces aveux qui lui devoient être
les plus pénibles. « On n'imagineroit jamais, continue
» M. d'Holbach, la scène qui décida notre rupture.

» Il dînoit chez moi avec plusieurs gens de lettres,
» Diderot, Saint-Lambert, Marmontel, l'Abbé Raynal,
» & un Curé, qui après le dîner, nous lut une
» tragédie de sa façon. Elle étoit précédée d'un dis-
» cours sur les compositions théâtrales, dont voici la
» substance. Il distinguoit la comédie & la tragédie
» de cette manière. Dans la comédie, disoit-il, il
» s'agit d'un mariage, & dans la tragédie d'un meurtre.
» Toute l'intrigue dans l'une & dans l'autre, roulé
» sur cette péripétie : épousera-t-on, n'épousera-t-on
» pas? Tuera-t-on, ne tuera-t-on pas? On épousera,
» on tuera ; voilà le premier acte : on n'épousera
» pas, on ne tuera pas; voilà le second acte : un
» nouveau moyen d'épouser & de tuer se présente;
» & voilà le troisième acte : une difficulté nouvelle
» survient à ce qu'on épouse & qu'on tue, & voilà
» le quatrième acte : enfin, de guerre lasse, on épouse
» & l'on tue, c'est le dernier acte. Nous trouvâmes
» cette poëtique si originale, qu'il nous fut impossible
» de répondre sérieusement aux demandes de l'Au-
» teur. J'avouerai même que *moitié riant, moitié*
» *gravement, je persifflai le pauvre Curé.* Jean-Jac-
» ques n'avoit pas dit le mot, n'avoit pas souri un
» instant, n'avoit pas remué de son fauteuil. Tout-
» à-coup il se lève comme un furieux, & s'élançant
» vers le curé, il prend son manuscrit, le jette à
» terre, & dit à l'Auteur effrayé : votre pièce ne vaut
» rien, votre discours est une extravagance : tous
» ces Messieurs se moëquent de vous : sortez d'ici &
» retournez vicarier dans votre village. Le Curé se
» lève alors non moins furieux, vomit toutes les
» injures possibles contre son trop sincère avertisseur,

I 3

» & des injures il auroit paffé aux coups & au meurtre
» tragique, fi nous ne les avions féparés. Rouffeau
» fortit dans une rage que je crus momentanée,
» mais qui n'a pas fini, & qui même n'a fait que
» croître depuis. Diderot, Grimm & moi, nous avons
» tenté vainement de le ramener, il fuyoit devant
» nous. Enfuite font arrivées toutes fes infortunes
» auxquelles nous n'avions de part que notre afflic-
» tion. Il regardoit notre affliction comme un jeu, &
» fes malheurs comme notre ouvrage, &c. ».

Je crois cette affliction fincère de la part de
M. d'Holbach, & je fuis loin de penfer qu'il ait jamais
eu perfonnellement & activement part aux infortunes
de Rouffeau ; mais pour bien juger cette fcène, il
ne faut pas perdre de vue, je ne dis pas les fingu-
larités de Jean-Jacques, mais fon caractère franc,
ouvert, ennemi de toute feinte, par conféquent de
tout perfifflage ; & l'impoffibilité où il fut toute fa vie
de diffimuler fon premier mouvement. Que voyoit-
il dans un Curé ? Un miniftre de la religion, qu'on
devoit refpecter, & qui ne devoit rien faire qui pût
altérer ce refpect. Que voyoit-il dans des Philofophes ?
des perfonnes graves dans leur conduite, comme dans
leurs écrits & leurs difcours, dont les jeux même &
les plaifanteries devoient toujours conferver un air
de décence & de fageffe. Un Curé qui fait & qui
dit des extravagances ; des Philofophes qui l'y encoura-
gent, & par des fignes intelligibles pour eux,
inintelligibles pour lui, fe jouent & s'amufent de fa
folie : rien de tout cela ne dut lui paroître plaifant.
Son emportement enfantin n'eft certainement pas un
trait de politeffe & de favoir vivre ; mais qu'a-t-il de

coupable en foi? De quelle franchife n'eft-il pas la preuve? De quelles idées faines & juftes n'eft-il pas la fuite? Quelle fûreté pouvoit-il déformais efpérer pour lui-même dans une fociété où à chaque pas on pouvoit tomber dans de pareils piéges? Enfin fi ce Curé tragicomique avoit reçu tout-à-coup le don de lire dans les ames, fur qui, dans fa colère, eût-il dû fe ruer, & vouloir s'exercer *au meurtre tragique*, ou de fon avertiffeur trop fincère, ou de fes ironiques admirateurs?

VIII. C'eft M. du Peyrou qui paroît avoir rempli avec le plus de courage & de publicité cette tâche honorable, malgré quelques nuages qui s'étoient élevés, les dernières années, entre lui & Rouffeau, comme il le fait entendre dans l'avertiffement qu'il a mis à la tête de la feconde partie des *Confeffions* & du dernier recueil des *Lettres*. Il n'y a qu'un reproche à lui faire, mais je le trouve des plus graves, c'eft d'avoir imprimé fans néceffité, dans ce recueil, un mémoire de Rouffeau relatif à M. Vernes, & des notes de M. Vernes fur ce mémoire, qu'on eft furpris de trouver dans un livre avoué par leur ami commun, puifqu'elles font tort à tous les deux. La faute de Rouffeau fe réduit à avoir injuftement foupçonné M. Vernes d'être l'auteur d'un libelle compofé par Voltaire. La faute de M. Vernes eft de n'avoir point, du vivant de Rouffeau, répondu avec affez de franchife & de netteté à cette accufation; & fur-tout d'avoir donné lieu au foupçon, en publiant quelque temps auparavant, dans un pays chrétien & intolérant, un ouvrage où il prétendoit prouver que *fon ami* Rouffeau n'étoit pas chrétien. Quant à fes notes fur le mémoire, elles feroient excufables, malgré

leur violence , fi ce mémoire avoit déja paru : mais M.
du Peyrou feul en étoit dépofitaire ; feul il en avoit eu
connoiffance. Il devoit donc le brûler après la mort
de Rouffeau. M. Vernes étoit affez juftifié, puifque
Voltaire étoit univerfellement reconnu pour l'auteur
du libelle.

IX. Voici ces vers que j'ai copiés fur les lieux en
1785 : ils méritent d'être connus ou plutôt dénoncés.

Ô toi dont les brûlans écrits
Furent créés dans cet humble Hermitage ;
Rouffeau plus éloquent que fage,
Pourquoi quittas-tu mon pays ?
Toi-même avois choifi ma retraite paifible :
Je t'offrois le bonheur ; & tu l'as dédaigné :
Tu fus ingrat ; mon cœur en a faigné :
Mais pourquoi retracer à mon ame fenfible... ?
Je te vois ; je te lis , & tout eft pardonné.

Ne parlons ni des *écrits créés* , ni d'une petite maifon de campagne qu'on appelle *mon Pays* , ni de
quelques autres pauvretés de ftyle. Mais pays ou campagne, Madame d'Epinay pouvoit-elle demander pourquoi Rouffeau avoit quitté l'Hermitage? Avoit-elle le
droit de le nommer ingrat? Lifez & jugez.

» J'ai voulu quitter l'Hermitage , & je le devois;
» mais on prétend qu'il faut que j'y refte jufqu'au
» printemps ; puifque mes amis le veulent, j'y refterai
» jufqu'au printemps , fi vous y confentez ».

» *Réponfe.* Puifque vous vouliez quitter l'Hermitage,
» & que vous le deviez, je fuis étonnée que vos amis
» vous aient retenu. Pour moi , je ne confulte point
» mes amis fur mes devoirs , & je n'ai plus rien à vous
» dire fur les vôtres ».

Au reste , il est à croire que les étrangers qui vi-
sitoient ce lieu , devenu sacré par le séjour qu'y a
fait Rousseau , ne se seront pas toujours contraints
sur le sentiment pénible que leur inspiroient ces injures,
gravées en lettres d'or , contre l'objet de leur admiration. Les propriétaires devoient profiter de ces
avertissemens, & enlever le marbre, ou effacer les injures. C'est ce qu'ils n'ont pas fait sans doute , car ils
ne laissent plus entrer aucun étranger à l'Hermitage. Ceux
à qui ils louent cette maison en sont devenus les geoliers.
Ils s'acquittent fort bien de leur emploi ; & je puis
leur rendre le témoignage que je les trouvai
l'année dernière incorruptibles aux prières les plus
soumises, & à toutes les recherches de la politesse.

X. On a osé l'accuser publiquement d'avoir été la première à engager Rousseau à mettre leurs enfans aux
Enfans-trouvés , tandis qu'il affirme lui-même dans
ses *Confessions*, que lorsqu'il y mit ses deux premiers , la répugnance de Thérèse fut extrême , &
qu'il eut mille peines à la vaincre. Pour les trois
autres, il ne parle ni de sa résistance , ni de son con-
sentement. Comment peut-on ainsi , sans preuves,
former une accusation si grave ? Je crois inutile d'ar-
ticuler les autres imputations, sans doute aussi ca-
lomnieuses , que depuis la mort de Rousseau , ce qui
reste de ses ennemis n'a cessé d'accumuler contre sa veuve.
Aucun témoignage direct, aucune pièce probante ne
me force d'y croire ; & j'ai le bonheur de n'être
point crédule au mal.

P. S. Je laisse le texte & la note tels qu'ils étoient
il y a six mois. Je n'ai point à me repentir de mon
incrédulité. La veuve de Rousseau a été solemnelle-

ment juſtifiée & vengée de toutes ces calomnies dans l'Aſſemblée des Repréſentans d'un grand peuple que ſon époux inſtruiſit aux mœurs & à la liberté. L'Aſſemblée nationale s'eſt honorée elle-même en honorant la mémoire de celui qu'elle peut nommer le premier comme le plus éloquent de ſes inſtituteurs, en lui décernant une Statue, en chargeant l'Etat de nourrir ſa compagne, qu'après tant de travaux & de malheurs, il laiſſa pauvre comme lui, mais riche du ſpectacle de ſa gloire & du ſouvenir de ſes vertus.

FIN.

Fautes à corriger.

Page 4, ligne 22; *dont il parle*, lifez: *dont il a parlé.*

p. 26, l. 4; *faiffeau*, lif.: *faifceau..*

p. 90, l. 17; *qu'on dénonce*, lif.: *qu'on y dénonce.*

p. 93, l. 7; *M. de Malsherbes*, lif.: *M. de Malesherbes.*

p. 97, l. 7; *tout autre chofe:* lif.: *toute autre chofe.*

p. 98, l. 15; *qui t'auront*, lif.: *qui l'auront.*

p. 103, l. 10; *dans celle*, lif.: *dans celles.*

Ibid, l. 16; *dans celle*, lif.: *dans celles.*

p. 107, l. 13: *par des gens*, lif.: *à des gens.*

p. 112, l. 21, *où des fages*, lif.: *où les fages.*

p. 116, l. 14. & 16, *cathéchifme*, lif.: *catéchifme.*

www.ingramcontent.com/pod-product-compliance
Ingram Content Group UK Ltd.
Pitfield, Milton Keynes, MK11 3LW, UK
UKHW021727090726
13657UKWH00002B/560